希望のお墓

お骨仏《こつぼとけ》

お骨仏と自分の戒名で
終活の悩みを一挙解決

本寿院
三浦尊明

青娥書房

希望のお墓 お骨仏《こつぼとけ》

お骨仏と自分の戒名で
終活の悩みを一挙解決

本寿院　三浦尊明

本寿院のお骨仏

著者　三浦尊明

はじめに

終活で困る「お墓」と「戒名」の悩みを解決するにはどうしたらよいのでしょうか？

私のもとに、様々な悩みが寄せられてきます。日々それにお応えしておりますが、ともに考えその道筋を明らかにし、少しでも安心感を持っていただくのが本書の目的です。

2018年10月、NHKテレビの「所さん大変ですよ」という番組内で「お墓の悩み一挙解決スペシャル」として本寿院が特集されました。

現代は社会のあらゆる面で変化の激しい時代です。葬送の形も大きく変わってきました。従来型の仕方では、今を生きる人々の深刻な迷いや苦悩

に、答えを見出せないところにきています。
一方で、樹木葬や海洋葬などが執り行われるようになりました。お墓を維持していく気苦労は軽減されることでしょうが、それでも現に起きている人々の悩みを取り去ることには、十全に働いているとは言いきれないこともあるようです。

葬送の在り方が確実に変わってきたなかで、「究極の供養とは？」ということで、この本で取りあげる「お骨仏（おこつぼとけ）」という古くて新しいお墓について、番組に紹介されたのでした。
お骨仏とは、たくさんの方の遺骨でもって仏像を作り、お寺の本堂で供養していくやり方です。平安時代から行われていたもので、お亡くなりになられた方のお骨の一部を仏像のなかに入れて、本堂において供養が続けられます。各地のお寺でもみられ、供養の方法も様々ですが、費用もかからずそのお寺で、仏様として永代供養されますので、たくさんの問題解決ができるお墓として注目されているのです。

終活を考える方からは、先祖代々のお墓をどうすれば良いか？　大切にしたいと思いつつも、「墓じまい」しなければならない、悩み悩んで、どうしたらよいかの相談が当院にはたくさん寄せられてきます。
お墓をどうすればよいか？　お墓の問題を解決する一つがこの「お骨仏」です。お墓に眠るという考え方より、私のお骨が仏様となって皆さんのお役に立てる、まさに「希望のお墓」となるのでないでしょうか。

そして「戒名」の問題も同時に解決するのが望ましいことは言うまでもありません。「戒名問題」については、私はすでに3冊の本「戒名って高い？安い？」（日新報道）、「戒名を自分で付けてもいいですか？」「ありがとう帖」（青娥書房）を出版させていただきました。改めてこの本で、戒名とは何かを考えてみましょう。
また現に「お坊さんが言いにくい戒名のことを話してほしい」と、NHK文化センターや読売カルチャーセンターなどから、「聞きたくても聞けなかった戒名の話」という戒名講座依頼が寄せられ、140回ほど全国各地に伺って講演させていただいております。受講生の多くは、終活をされておられる方々であり、自分の戒名をどうすればよいのか？と悩んでおられる方ばかりです。

本書では、講座で質問のあった「お墓」や「戒名」問題について取りあげ、具体的な解決策とともに、これからの「終活」について読者の皆さまとともに考えていきたいと存じます。

本書の最後のほうには、当院のアンケートにお応えいただいた多くの方々（発表の許可をいただいた人たち）の生の声をのせてあります。

「お骨仏」と「自分の戒名」で、明るく生きてゆける希望が湧いてきたことがつづられています。私も微力ながらもお役に立っていることに、真実ありがたく存じているところです。

合掌

本寿院　三浦尊明

もくじ

希望のお墓「お骨仏（おこつぼとけ）」

私のお墓がない

お骨仏《こつぼとけ》さま
人は仏になるために生まれる
涙も笑顔も仏の心を知るための通り道
しかし人生は永遠には続かない
やがて肉体を手放すときが来る
死ぬ時がきた今生はここまで!!
バタン
タマシイちゃんあの世に生まれた
オギャーオギャー
そして精いっぱい生きた証として「お骨」が残る
よい人生であった思い残すことはないよ…
…でも、
遺骨
おはかがない
えっ
えっ
あの、すみません…実はわたしもお墓のことで困っています…
母は離婚していてはいるお墓がないんです
私たち夫婦には子がないのでお墓は作りたくないんです
子どもたちにお墓や供養のことで迷惑をかけたくありません
もう何十年も遠い親戚の遺骨をあずかっています
どうしたらいいですか
経済的に余裕がないわ…
墓じまいしたいんじゃけど…
生きている間も死んでからも安穏でありたいと人ならば皆そう思うはず……
う〜ん
ぴかる先生〜
なんとかして〜
独身なの…
そうだ! お墓で困っている人のために、
お骨仏《こつぼとけ》さま作ろう!

というわけで 残された人も 死にゆく人も 共に安楽へと導く 「お骨仏」という お墓を作りました
お骨仏
阿弥陀如来像
お墓や供養の問題はすべて解消!!

お骨仏とは…
阿弥陀如来の胎内に パウダー状にした遺骨を 「胎内納骨」します お骨仏はたくさんの方の 尊い遺骨でできた 仏さまです

…人の願いは 仏になること それを 「成仏」といいます あなたが 仏となって 残された人の 心のよりどころとなり すべての人を 導いてください
安心した〜
ホッ
よかった

本寿院 東京都大田区
本寿院関係のお骨仏は、6か所にございます
★尊星王院
（栃木県日光市）
★大福院
（千葉県市原市）
★本寿院熊本別院
（熊本県熊本市）
広徳寺 埼玉県 本庄市
円宗院 神奈川県 平塚市

ところで お骨仏さまは どうして 阿弥陀さまの お姿を しているの？
阿弥陀さまは 極楽浄土に 住んでいる 仏さま

故人の魂が 阿弥陀さまと一体になって 苦しみのない極楽浄土へ 往生してほしい… という願いから 阿弥陀さまのお姿に したんだよ

極楽には 苦しみが ないの？
争いごともなく いやな人も いないし 不満に思う こともない！

極楽に住む 人たちは その欲が なく 常に相手を 敬い慈しむ 心を持っている

慈しみ合う人たちの間には幸せだけが生まれる
つまり苦しみは生まれない、ということ
17
わたしも極楽に行けますか
「南無阿弥陀仏《なむあみだぶつ》」すべて仏さまにおまかせします、と一心に念じ、その心が本物ならば必ず極楽へ行けるよ
18
極楽ってどんな所だろう～
阿弥陀如来の放つ、世界中を照らす光をここに表現してみて、…といわれても不可能なように……
それはちょっと説明がむずかしい……
19
宝石や黄金をいくら使ったって足りやしない!!
20
極楽の美しさ素晴らしさはとても言葉ではいいつくせない！
ムリ ムリ
わしは見たことあるけどね
…と、お釈迦さまもおっしゃっているよ
21
美しく澄んだ心で見る世界はそれほど素晴らしいものなんだよ
極楽浄土
22
そしてこの極楽浄土を実際に見るために生きている、ということを忘れてはいけない……
23
お骨仏は本寿院の本堂に安置されています
毎日お経が奉続され、
24

ここで「お骨仏」の登場です。

お墓のない方も、墓じまいされたい方も、子どもたちにお墓や供養のことで迷惑をかけたくないと願う方も、生きている間も、死んでからも安隠でありたいと望む方も、みな等しく永代供養をしてくださる希望のお墓がこの「お骨仏」なのです。

お墓のこと、戒名のことなど詳しく見ていきましょう。

終活で困る「お墓の問題」

「終活」とは、「人生の終わりのための活動」の略です。

介護・お墓・葬儀・供養のことなどの準備と、財産の相続をスムーズにすすめるための準備と言えます。

現代では、たとえ準備といえどもおろそかにできない事柄です。人生の最後に避けては通れない問題になっています。悔いを後の世に残さない、大切なプロセスであると捉えましょう。

終活をしておくことで、遺された家族の負担や家族間のトラブルを、大幅に減らすことができます。さらには〝自分〟を見つめ、人生を、自分らしく生きることができるようになるといった効果があります。

さて終活をはじめていくと、実際に何からしていけばいいのか？　どうすれ良いのか？　様々な問題にぶつかり、これは大変なことだ、いい加減にはできないことだ、と気づかされます。

たくさんのお別れを見てきた中で、生前のうちにやっておかれたら良かったのになあと感じることがあります。せめて、準備ができているか？確認してみてください。

1　お墓に関すること

先祖代々のお墓のある方は、それを誰に引き継がせるのか？

毎年の寄付金や管理料など、また田舎のお墓をどうすれば良いのか？

お墓が無い方は自分の死後は、誰が、どのように、供養していってくれるのか？

それとも、墓じまいをするのか？

終活を考えるうえで、一番重要になるのがこの「お墓」です。

2　お葬式や戒名のこと

よみうりホールでの戒名講座

お葬式をどうしたいのか?

お葬式は、急なることでやり直しがききません。また、葬儀費用など経済的負担も大きなものです。

その中でも大きな比重を占める「戒名料」としてのお布施の問題を、どうすれば良いのか? 遺された子供たちに迷惑をかけないために、自分で戒名を考えたり、生前戒名を授かる方が多くなっています。私の戒名講座を受講される方は、このことに悩んでおられます。本書のタイトルでもある問題解決の方法を後でお話しします。

お墓もそうですが、戒名とは何か?を理解すれば、戒名問題の大部分が解決します。絶対に戒名を付けないといけないのか? 自分で戒名を付けられないのか? など、後の章にてお話しして参りたいと存じます。

3 財産の管理・整理、それをどう伝えるか

財産の整理をし、不動産の名義やお隣との境界線などの問題など、プラスの財産だけでなくマイナスの財産も伝えておく必要があります。財産の問題は、遺言書や公正証書といった、決まりのある方法にて遺しておかないと、法的効力が及ばなくなる可

能性があります。十分に気をつけねばなりません。

4　医療や介護の意思表示

自分にもしもの時、医療や介護が必要になった時のために、どうしてほしいのか？意思表示をしておくことが必要です。

5　老後のことや認知症になった時のこと

たまった荷物の整理や思い出の品などの断捨離とともに、家族も知らない交友関係の整理など、書き残しておくことも大切です。

6　その他、最近ではデジタル遺産をどうするか？

ブログやフェイスブックや、趣味の記録やSNS、株や暗号資産など、本人しか知らないパスワードをどうして遺していけばいいのか？　など。

このように考えますと、自分がもしもの時に、遺された子供たちや遺族に迷惑をかけないように整理して、遺されたものたちにも分かるよう、準備しておくことが「終活」の基本と言えるでしょうし、そのことが求められています。

弁護士や行政書士・会計士に相談しましょう

その上で、弁護士や行政書士といった専門家に相談をしておくことで、財産のことについて、もしものときスムーズに行き、相続が争族になることを予防することになります。

良かれと思っていたことが、ちゃんとした「遺言書」を作っておかなかったために、遺産をめぐって血みどろの兄弟げんかになったケースはよく聞く話です。

その一方で、遺産の相続人がいないなどの理由で国庫に入る財産額が、２０２１年度は６４７億円と、過去最高だったことが公表されました。

身寄りのない「おひとり様」の増加や、不動産価格の上昇も背景にあります。行き場のない財産は１０年前の倍近くに増え、それゆえ行政機関をはじめとして、早めの遺言書作成を勧めています。

横須賀市役所では、エンディングプラン・サポートを事業として乗り出し、福岡市など行政によっては、エンディングノートを配り、講座を開催し、死後のサポートを積極的に行っています。

それでも、「いつか、いつか、そのうちにやろう……、そのうちに死んでしまった」というケースは多く、死亡後の遺族探しや空き家問題など、行政機関は負担軽減に動き始めているようです

終活の一番重要である財産の問題は、2023年に相続法などが約40年ぶりに見直し改正がなされるなど、ますます弁護士や行政書士・会計士といった専門家のサポートが必要な時代になってきました。

「きっと兄弟仲良くやってくれるだろう」と思っていたけれど、ちゃんとしておかないことによって、さまざまなトラブルが発生し、兄弟や親子の関係が崩れていった例を、私はたくさん見て参りました。やるべきことは、ちゃんとやっておくことをお勧めします。

遺言書や成年後見人などおひとり様のご相談も多くなり、ご自分の最期の問題を

ちゃんとしておきたいという方には、専門家である弁護士や行政書士の先生をご紹介しております。２０２２年より対談をさせていただき、さまざまな法律的な問題を解決してまいりました。私の知人弁護士や行政書士の先生ですので、気軽にご協力してくださるようになりました。

年に数回相談会を開催しておりますので、ホームページでご確認ください。

相談事例をあげてみましょう。

「遺産を一人の方に遺しておきたい」

「妻だけに相続させたい」

「長男には相続させたくない」

「遺産を社会のために遺贈したい」

など遺産の問題から、

「遺言書を書いておきたい」

「後見人をお願いしたい」

西口竜司弁護士との対談

「死後事務委任をお願いしたい」

などなど具体的な内容は、直接先生とお話していただきます。

お墓の問題

お墓っていったい何でしょうか？

皆さんのお墓は、何代までさかのぼることができるでしょうか？

「先祖代々のお墓を絶やすことができない」と思っておられる方も多くありますが、一般のお墓の歴史はそれほど古くはなく、火葬方法が一般化されることによって広がってきました。

現在では、日本の火葬率は９９・９％ですが、１９１３年では、３１％、１９４７年では５４％だったそうです。

その昔、土葬が多かったころ、人が亡くなると、人里離れた山奥に連れていき、穴を掘って埋めたのです。この世に戻ってこないようにと、わざわざ足の骨を折って納棺する地域もありました。

遺体のままほっておくと、様々な疫病などが流行することにもつながりますので、迅速に、そして出来るだけ人里離れた遠くに埋葬されたのでした。

ですから、町には「お参り墓」と言われる、お参りする場所があり、その場所から手を合わせたのでした。

このように、土葬が一般的だった時に、お墓をどこにしようか？　交通の便が良いところ、家の近所で環境のいいところ、なんてゆっくり検討している余地はなかったわけです。

火葬が一般的になったのは、昭和に入ってからのことで、こうして99％の方が火葬するようになった今、遺骨は骨壺に納まり、お骨が手元に残りますので、まず自宅に安置され、お墓をどこにしようか？と悩むようになってきたのです。

お墓は眠るためのものでしょうか？

残念ながら、人は必ず亡くなります。

私は、長く専門学校の非常勤講師として仏教を教えてきましたが、時には寺宝の「九相図」を持ち出し、死の姿を説明して参りました。

現在では、ほとんどの方が病院で亡くなり、美しい姿のまま納棺され、時を経ずにすぐに火葬されます。

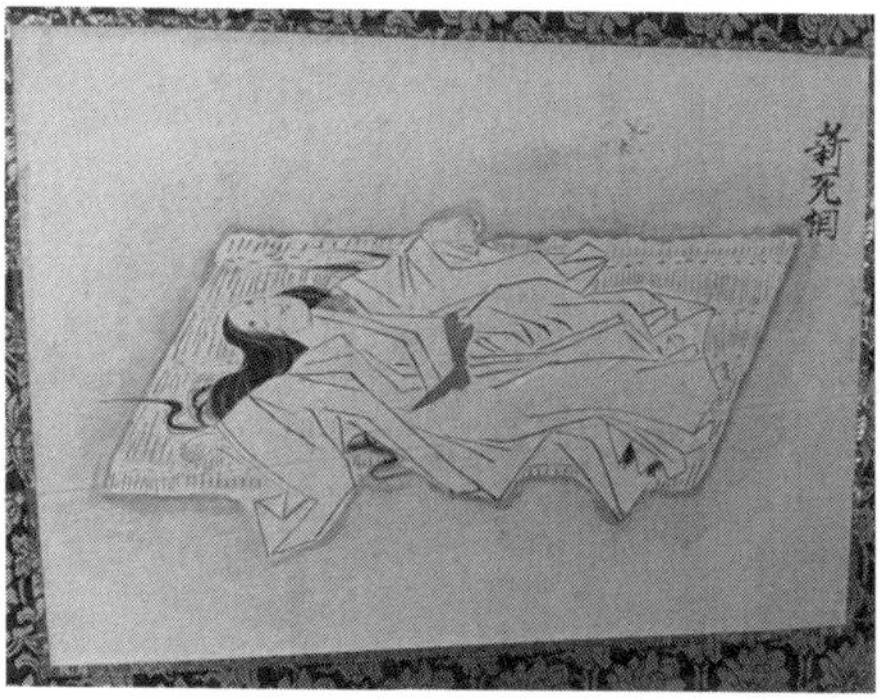

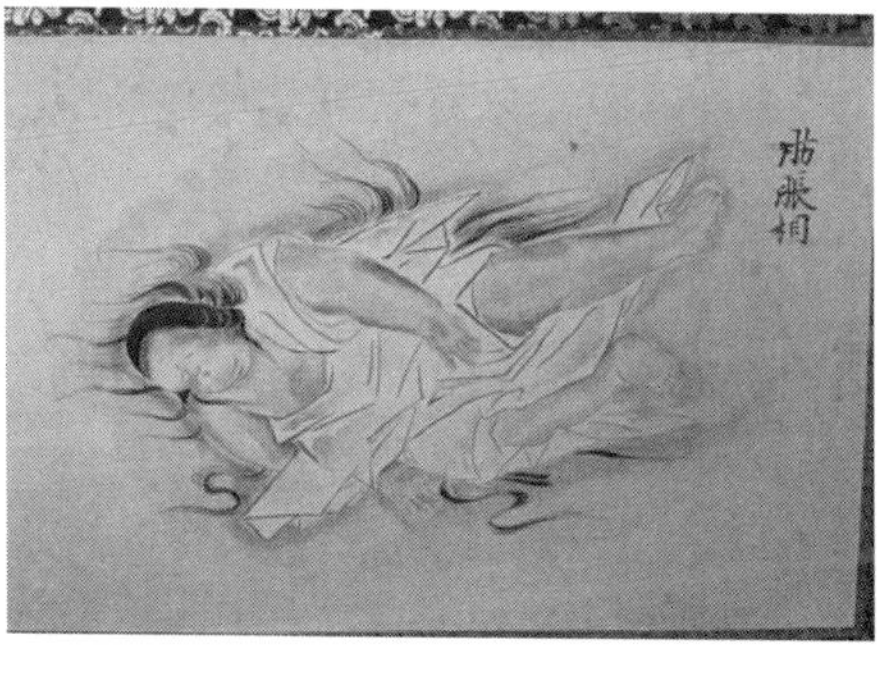

【九相図（狩野派）】

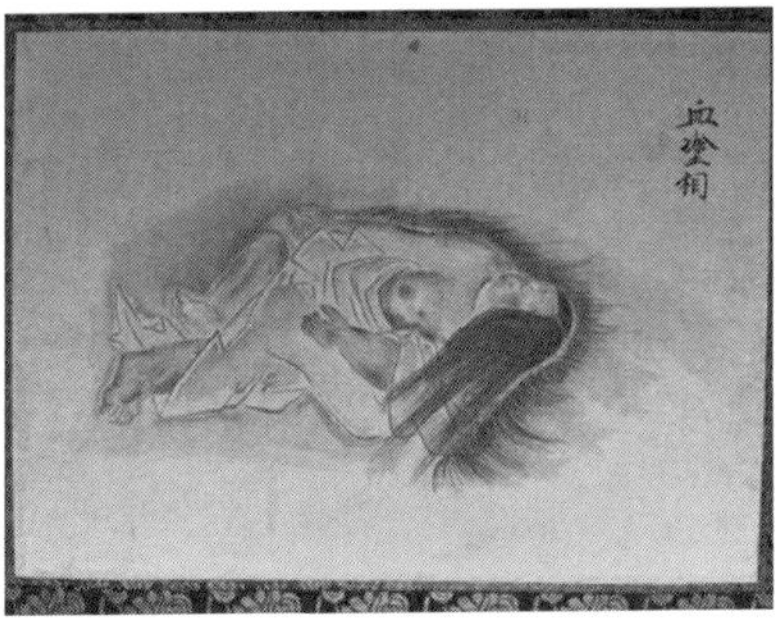

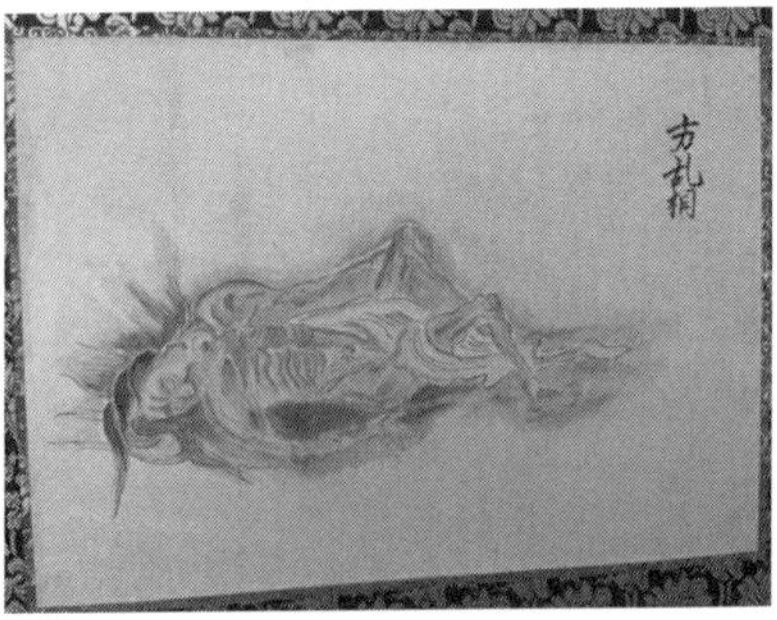

ですから「死の姿」を見ることがほとんどありません。

その有様は見れば残酷この上ないものですが、これを直視してほしい、それがひいては自分の生き方を、再度考えさせてくれるからという願いからです。

自らの死を、生きている間に見つめておくことは、何でそこまでと考える方もあるかもしれませんが、いえいえ、なお生きつづける人間には必要なことなのです。終活もその一部に当たるのです。

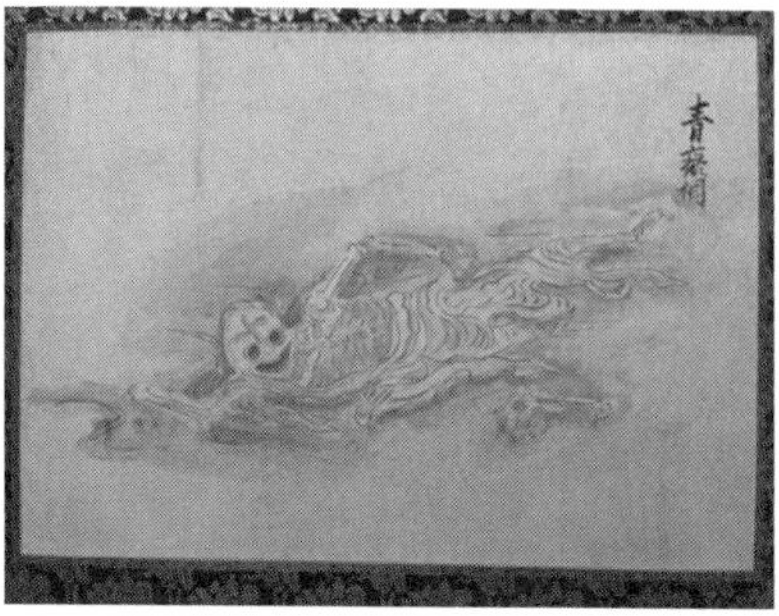

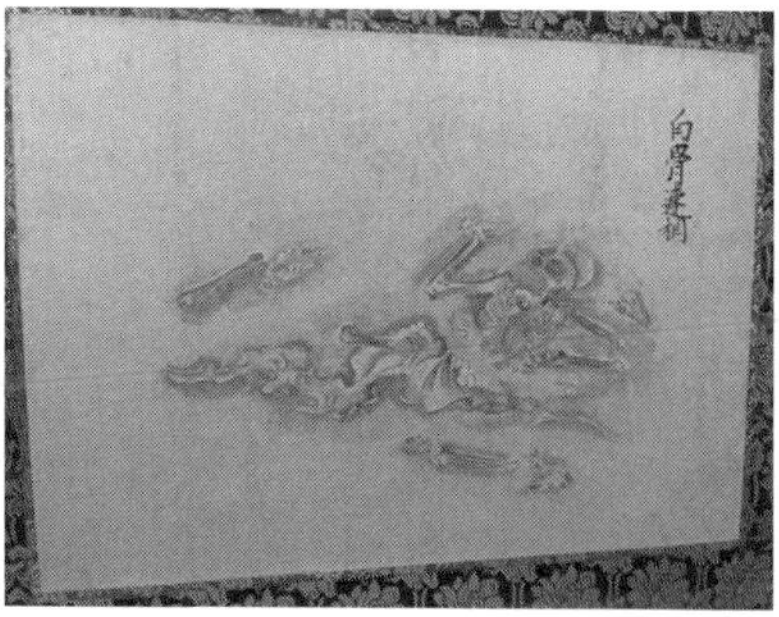

お墓が寝室と考えるのであれば、私はご免こうむりたいと思います。あのじめじめしたお墓の中に、上から大きな石で閉じ込められて、土中の虫たち……と考えるだけで嫌ですね。

人は生まれた限り、必ず亡くなります。そこには、悲しみ苦しみがあり、諸行無常は誰もが経験することです。

死とは何か？　私たちは、どこからきて、どこに行くのでしょうか？

それを考えるのが宗教であり、死の先がわかったからこその幸せがあるのではないでしょうか。

例えば、奥州藤原氏が眠る、東北岩手県の中尊寺には、藤原三代の遺体が阿弥陀様の足元にある須弥壇に納められています。

また、亡くなるときには、阿弥陀様とひもで結んで、亡くなった方もあります。これは、死後、阿弥陀如来様に引導され、極楽浄土へ導いていただくために、願ったものです。

このように、死後の世界が御仏の「浄土」であったり、キリスト教であれば「天国」なのです。

お墓や供養はいったい誰のためにあるのでしょうか?

「私は無宗教です」と言う方ほど、臨終間際になって慌てふためき、死の恐怖におそわれます。

反対に宗教を信じている方は、死は浄土への過程であり、素晴らしい来世が約束されていると、安心して亡くなっていかれるのです。

あの世は、あるのか？　ないのか？　という議論をされるより、あの世はあった方が良いのか？　無い方が良いのか？と考えれば、安心であることのかけがえのなさは、自然と見えてくるのではないでしょうか。


また例えば、「俺が死んだら、骨は海にでも撒いておいてくれればいい」と言って亡くなる方が中にはあります。

浄土真宗の宗祖　親鸞さんも同じで、「私が死んだらその遺体は賀茂川に流して、魚のえさにしなさい」と言い遺されたと言われています。

川に遺体を流せば、魚につつかれ、やがて海に流され、大自然に還っていく。

しかし、遺族や門弟にとって敬愛する親鸞聖人様を、魚のえさにすることは到底できないものです。

ご遺体は、火葬にされ、親鸞聖人の骨灰に漆を混ぜて、木像に塗りこめてあるのが「骨肉の御影」として、御影堂に安置されている仏像となっています。

ある意味「お骨仏」とも言えるでしょう。

その尊像は、親鸞聖人の骨灰で塗り込められ、まるで生きているかの如く、皆さんが手を合わせ祈られるのです。同時に、おそばに眠りたいと多くの方が、少しのご分骨を本山納骨をされておられます。

さて、ここで故人の遺志と遺された方の思い、そして魂の行方を考えてみましょう。故人としては、子供や遺族に迷惑をかけたくないとして、遺族のためにそのように言われる方があります。

俺が死んだら立派な葬式をあげて、馬鹿でかいお墓を建てて祀るようにと言い残して亡くなる方は、徳川家康ぐらいでしょうか。

家康は、亡くなって一年は久能山に埋葬し、その後、日光東照宮に祀れと遺言されています。これは、江戸の北辰である北極星の天帝を表す場所であり、自らが死して天帝となり、日本を導いていくとのあらわれであったと想像します。ただ、これも家康を神格化するために、後の人間が進めていったことでもあると考えます。

あなたがもし亡くなったら、どんなお墓に入りたいですか?

・先祖代々の墓はあるのだけれど、分家になったのでお墓がありません。

・子供たちに迷惑をかけたくないので、散骨してくれればいい。
・お墓は、面倒なので、樹木葬がいいのかな？
・都会に出てきて田舎にはもう戻らないので、墓じまいをしたい。
・子供はいるが、子供が結婚していないので、後を見るものがいない。
・自分自身が独身でおひとり様のため入る墓がない。
・離婚をしたので、入るお墓がない。
・主人の先祖代々のお墓には入りたくない。
・死んでからも、お墓の中で主人や姑にこき使われるのはまっぴらだ。
・主人の両親にはずっといじめられっぱなしなので、私一人で入るお墓がいい。
・ペットと一緒に入りたい。
など、さまざまな相談を承って参りました。

お墓っていったい何でしょうか？
お墓は眠るためのものでしょうか？
お墓は誰のためにあるのでしょうか？

終活にぶち当たって、みなそれぞれに思い悩んでいるのです。

そしてお墓に対しての感覚も、少し前とは大分変わってきているように思います。少し前であれば、立派なお墓を建てることが美談であり、一家が団結し子孫が繁栄していくと言われていました。ですから都会では墓不足になりました。東京のお墓の平均金額も228万円程と言われており、良いお墓、立派なお墓が求められてきました。

現代ではどうでしょうか？　少子高齢化、長引く経済の低迷、社会保障の問題などお墓を維持管理するのも大変な時代となり、霊園に伺うと、草が生い茂り、管理されなくなったお墓も非常に多く見られるようになりました。

宗教学者の島田先生が「0葬」という火葬場で遺骨を持ち帰らないという方法を提案されていますが、本当にそのようにされる方はごく僅かであり、ほとんどの方が、遺骨を持ち帰ってそれからお骨の扱いにお困りになっています。


遺骨の扱いは、法律的にきまりがあり、事件にもなりました。

父親の遺骨を放置した息子の例があります。

2019年11月、東京駅のトイレに別居していた父親の遺骨を放置した疑いで53歳の息子が逮捕されました。

こんなケースもありました。妻の遺骨をコインロッカーに遺棄。

２０１７年1月、ＪＲ東京駅構内のコインロッカーに妻の遺骨を遺棄した疑いで夫が逮捕されました。

このように遺骨は、法律的に認められた場所に納める必要があります。


お墓は、いらないものでしょうか？

お墓は、迷惑なものでしょうか？


私は、このように考えます。

お墓は、眠る場所として、故人のためにあるのではなく、遺された方が手を合わせるために必要なものです。

事例を見て参りましょう。

「葬式もいらない、戒名もいらない、墓もいらない」とは

次のような相談を受けました。

家族に迷惑をかけまいと、「戒名はいらない、葬儀もしなくていい、お骨は海にでも撒けばいい」と、遺言された方からの相談でした。

50代のご主人が病気で亡くなる前に、妻や娘にこのように遺言して亡くなられたのでした。

遺された奥様は、ご主人の言うとおり、故人の遺志によって葬儀を行わず、全部海に散骨されたそうです。

それから1年程すぎて、奥様より相談がありました。

「主人は、あの世で迷っていないでしょうか？ 苦しんでいないでしょうか？ ちゃんと成仏できたでしょうか？」と。

「主人の言うとおりにやりましたが、葬儀も供養もなければ、位牌もお墓もない。お盆もお彼岸もない。一周忌もなにもない。三回忌はどうすればいいのでしょうか？」

「お盆には、迎え火を焚いて、大文字の送り火でお見送りをする。先祖が帰ってくるからと、お中元を頂いても供える場所もない。お正月には、門松を建てますが、祈る場所もない。まるで心の中が空っぽになったようで、夜も眠れない」と、ノイローゼ気味の奥様がお話しくださいました。

成仏すること、供養をすることとは

成仏とは、仏に成ると書きます。

引導を渡され、仏弟子となり、やっと成仏できるのです。キリスト教やイスラム教であれば、神の国「天国」です。

全部散骨してしまい、お墓もなければ位牌もない。どこに向かって手を合わせればいいのか？

ご主人が、良かれと思って言ったことが、逆に奥様には悩み、精神的な負担となり苦しむことになりました。

この遺言は、ご主人の優しさのようではありますが、現実は逆であります。繰り返します。お墓や供養は、いったい誰のためにあるのでしょうか？

本人は仏様の世界に引導されますので、当の本人よりも、遺された方のためにあるものではないでしょうか。

また先日このような方がありました。

戒名が高いからといって、俗名で位牌をこしらえ、それを１０年間、毎日拝んでいるとのこと。その10年間、これでいいんだろうか？　戒名もなく迷っていないだろうか？と。何だか申し訳ないような気分で、ずっと心にひっかかりながら、ただお線香をあげ、手を合わされていたとのことでした。

同時に、その家族も、お子さんも、お孫さんも、何だか変な違和感を抱きながら手を合わされていたそうです。

私は、仏弟子となり、戒名を授かり、位牌を造立し、開眼法要して初めて、皆さんが心を安心して手を合わすことができると考えています。

供養とは、「どうかお父さん、あの世で成仏してください」と、故人のために祈るのではなく、仏弟子として仏様のもとに導かれたお父様が、浄土から私たちを陰ながら見守っていてくださることを願い祈るのです。

だから私たちは、安心して手を合わせることができるのです。その祈りが、「感謝」につながっていくのです。

これがご先祖供養であり、子孫たちがこれからも幸せに歩むことができると信じて行うことなのです。

私はこのように考えます。

亡くなったら、仏様のおられる浄土に還っていく。私たちは、美しく、極めて楽しい浄土から、生を享けることによって、この世に修行にやってきたのだ、心を磨きにやってきたのだから、命が尽きるとまたあの世に帰っていくのだ、と。

お墓は、ドラえもんの、「どこでもドア」のように、いつでも心が通じ合う場所ですから、お墓は遺された方々のためにあるのです。

「お墓参りができる幸せ」と言いますが、お墓は遺族が生きることにつかれ、またつまずき、悲しんだ時、さらにまた、喜びの時も手を合わせ祈り、感謝を感じるところであります。

親鸞聖人のご遺骨も、そのご遺徳を慕う者にとっての「よすが（縁）」となっているのです。

お墓が厄介者のように考える理由は、お墓の管理護持に費用がかかったり、墓参りや草むしりなどしなければならなかったりすることからでしょうが、この本で取りあげているお骨仏であれば、全てが解決するのです。

墓じまいについて

先祖代々のお墓をどうすれば良いか？「墓じまい」の現実

先祖のお墓を粗末にしたくない。しかし、継承者がなくどうすればいいか？　お悩みの方の相談が当院には多く寄せられます。

先述したように、お墓の歴史を考えますと、実際の先祖代々と言われるお墓はせいぜい江戸時代くらいでしょう。一般庶民のお墓は、作られることなく、山の奥に土葬され、土饅頭と言われるように、いずれ土に還っていったのです。

現代のように、墓参りとして山に立ち入ることはせず、お参り墓と言われる町のお参りする場所から手を合わせ祈っていたのです。

もっとも、お墓が多く作られるようになったのは昭和に入ってからであり、その当時は長男が家督を相続し、分家となったものは、別のお墓を建てる必要性が求められました。

ところが、現代になって少子化の時代となり、グローバルな社会になり、国際結婚また単身など、お墓を継続して維持することが非常に難しい時代となりました。

墓じまいの相談が急増中

その中でも多いのが「墓じまい」に関する相談です。

「先祖代々のお墓が地方にあって管理ができない」

「継ぐ人がいない」

など、都市部に住む方にとって地方のお墓管理の負担は大きく、子供たちに迷惑をかけたくないと墓じまいを希望されます。

そんな折に、「墓活」井上ミノル著（株式会社140B発行）の本に、本寿院のお骨仏が紹介されました。

「それでどうする、うちの墓?」というタイトルはまさに的を射たタイトルで、身につまされ、心に刺される思いをされる方は多いのではないでしょうか?

どうしようか?　どうしようか?と、問題を先送りにしながら、何とかやってきたけれど、その解決策が見つ

からずにおられるのです。どうすれば良いのか？　それぞれ強弱はあるにしても、不安や躊躇を感じておられるのです。

私が相談を受けた多くの方は、本当であれば、先祖代々の墓を、ちゃんと守っていきたい、なんとか子供たちが面倒を見ていってもらいたい、と願っておられる方々です。またもしくは、子供がいなくてお墓を閉めざるを得ない方々です。

しかし、墓じまいには多くの労力と、経済的負担がかかってきます。このことが、皆さんが躊躇される要因になっているようです。

ではどうしたら良いか、考えていきましょう

お墓は借り物

お墓は所有しているものではなく、もとより永代使用権であり、いわゆる、借りているものです。

アパートやマンションなどを借りている場合は、退去する時には家財道具を移動させて、借りた時と同じ状態に戻す必要があります。

これと同じで、墓じまいは、長年墓地を借りていたお寺様（公営墓地などの場合も

ある）にお世話になったお礼を述べて、最初のように更地にしてお寺様に返す必要があります。

もちろん、借地ですので、誰かに売ることもできませんし、友人や知人に勝手に譲ることもできません。

中には、親戚の方がお墓を引き継ぐという形で、お寺様の許可を得て使用するケースもありますが、墓石には先祖の名前や戒名が刻まれており、お骨を移動するのであれば、墓石ごと撤去する必要があります。

そこで問題が二つ出てきます。

一つはお寺様側の問題

墓じまいにはトラブルも発生しています。

お墓は借り物であることを先に述べました。そしてお墓を使わせていただくのは、檀家であるケースがほとんどです。

おじいちゃんがすでに納骨されていて、おばあちゃんがその後、お寺さんとの付き合いをしていたのですが、おばあちゃんも亡くなり、都会に住んでいる子供が、お墓が遠いので……、また管理料や寄付金が大変なので……といった理由で、簡単に墓じまいができるだろうと、思い込むところにトラブルが生じてきます。

お寺は株式会社ではなく、檀家さんたちのお寺です。檀家さんたちがみんなで、お布施をして管理・護持されているものです。

例えば、300家の檀家さんが、それぞれ、2万円づつ出した場合、年間600万円の収入となります。住職は、この収入から、お寺の電気代や水道代、修繕費、掃除代を捻出し、その中から給料として個人所得となり、所得税や住民税を納めて、住職の家族が生活していきます。

したがって、檀家さんが一人抜けることによって、そのしわ寄せが他の檀家さんに回ってくる結果となるのです。ですから当然のごとく、お寺様は檀家をやめさせないように、続けていくようにします。また、最終的には離檀料として、500万円とか1000万円といったように高額を請求されるケースもあります。

もっとも、離檀料といっても強制的なものではありません。しかし、長い間お世話になり、いつお参りしても気持ちよくお参りできるように、お寺の住職は長年努力されてきました。

四季折々のお花を咲かせて檀家の皆さんを、参詣する方たちを暖かく迎えてくれたり、本人だけでなく、地域の子供たちの遊び場になったり……、それはそれは大変な努力を今までされてこられたのです。

お寺は、地域の方々が心を寄せるところとして、信仰の中心となってきました。これを簡単に無くすわけにはいかないのです。

お寺が商売をして、檀家さんは会員権を買った「お客様」ではなく、マンションの組合のように、皆さんが出し合って、護持され、心の拠り所としてお坊様にいていただいているものです。

ところが、檀家が減り続け、最終的に管理できなくなったお寺の行く末は、兼務寺として別のお寺の住職が兼務して管理し、例えば私の友人のお寺は、13寺を兼務している住職もあります。

そしてそれでも管理護持ができなくなってくると「廃寺」になるしかないのです。

このようにお寺は、住職の寺ではなく、檀家さんたち皆様のお寺です。その皆様のお寺を護持していこうとお寺が必死に守ってくださっていることも、忘れないでいただきたいことなのです。檀家であるということは、檀家さんたち皆さんでお寺を支え護ってきたことを踏まえて、何事かあればその上で、お寺様や檀家総代様とよく話し合うことが求められています。

次に親戚の問題

お墓は子供だけのものではなく、一族の親戚も関係してきます。

勝手に子供が決めて墓じまいをしてしまい、親戚の方がお墓参りをすると、お墓が無くなっていることで激怒され、トラブルになったケースもあります。

まずは遠い親戚であっても、すべての親戚に相談を投げかけ、了解を得てください。その上で、お寺様への相談をされることが、墓じまいをスムーズにすすめる方法であると考えます。

墓じまいの流れ

墓じまいのことは、法律的に「改葬（かいそう）」と言います。

1　家族や親戚に相談して了解を得る。

2　墓地管理者・お寺様に相談をする。

3　新しい納骨先を決めて「受入証明書」を取得する。

4　改葬許可申請書を取得する。多くの場合、自治体のホームページからダウンロードができます。

5　埋蔵（埋葬・収蔵）証明書を取得する。墓地管理者に発行してもらう場合と、「4番の改葬許可申請書」に署名捺印をする場合があります。

6　「改葬許可証」を取得する。「3番の受入証明書」「4番の改葬許可申請書」、「5番の埋蔵証明書」を、今あるお墓の市町村役場に提出し「改葬許可証」を発行してもらいます。

7　遺骨の取り出し。「6番の改葬許可書」をもって、はじめて遺骨を取り出すことができます。その際に、閉眼供養（魂抜き）をお寺様に厳修していただき、遺骨の取り出しと、お墓の解体工事を石材店に依頼しておきます。

8　お墓の原状復帰。石材店に墓所を更地にしてもらいます。

9　新しいお墓へ納骨する。「6番の改葬許可証」を新しいお墓の管理者に提出して完了します。

以上のように、お墓の改葬は、法律的な問題とお寺や親戚との関係など、簡単にはいきません。

じっくりと時間をかけて、進めていかれることをお勧めします。

墓じまいの後、新しいお墓をどうするかの問題

さて、ここで問題となってくるのが、新しいお墓をどうすれば良いのか?ということです。

遠方にあるので近くにお墓をうつして、近くでお参りをしたいという場合と、後継ぎがいないので、お墓を閉めたいという場合があります。

近くのお墓を購入して、身近にお参りしたいという場合であれば、上記の流れで良いのですが、しかし最近は、子供がいない、娘は嫁いでいった、子供は海外に居住している、独身なので……、そして、経済的にお墓を管理していけない。子供に迷惑をかけたくない、といった理由で、お墓を閉めてしまいたいといった方が多くなりました。

少子化・国際化・格差社会の流れは、まさにお墓問題にも直面しており、改葬件数が急激に増えているようです。

厚生労働省の調査によると、改葬の件数は近年増え続けており、２０２２年度は１５万件を超えて過去最多となりました。

その後、コロナ禍となり少しは減っているそうですが、コロナが終息していく中で、急激に改葬件数が多くなると予想されています。

永代供養墓という選択

お墓を閉めたいと考えておられる方は、まずはお寺の住職に相談され、現在のお墓のまま、改葬せずに永代供養をお願いされるか、お寺内にある永代供養墓に合祀されるのが一

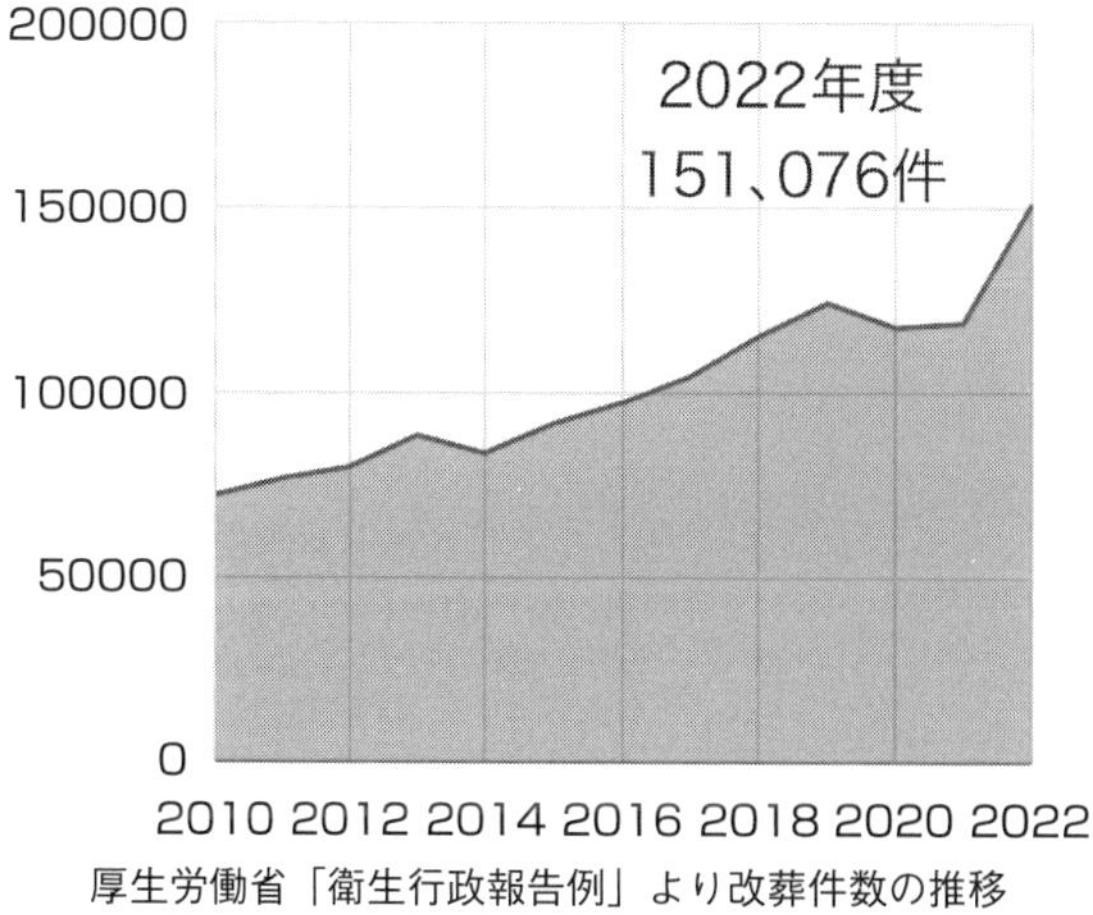

厚生労働省「衛生行政報告例」より改葬件数の推移

番スムーズです。

簡単に言うと、管理費や年間のお布施分を数十年分前払いをすることによって、永代供養していただく場合や、お寺内にある永代供養墓に移して合祀していただくというものです。

永代供養によっては、10万円から、また100万円~といったケースがあり、お寺によってもまちまちです。

また、多くのお寺で同じような問題も昔からあることから、お寺内に「永代供養墓」を準備している場合があります。

少子化の問題を受けて、最初から管理料を必要としない、永代供養墓を用意している場合や、樹木葬を販売しているお寺もあります。

その一方で、やっぱりお墓が一番安心するという年配の方もあります。

最初は、菩提寺の住職に相談し、永代供養、もしくは合祀墓での供養、それがうまくいかなければ、改葬して近くの「永代供養墓」に埋葬するのが良いでしょう。

一柱の平均は、30万円程ですが、こんな相談もありました。相談のあった都内の方は、一柱70万円と言われたそうです。

一柱とは、一人の遺骨をさす意味で、お墓には、先祖の遺骨が八人（八柱）あったそうです。そうすると、70万円×八柱＝560万円となり、どうしたものかと相談がありました。

このように、霊数によって納骨の費用が大きく変わってくるケースもあり、多額の費用になってしまいますので注意が必要です。

最近は、どの霊園やお寺に伺っても、永代供養墓を設置されているケースが多くあります。

私が平成16年に建墓しました、横浜浄苑ふれあいの杜「ありが塔」の合祀墓には、たくさんの方が眠るお墓です。晴れた日には、富士山も望め、環境のいい霊園内の一角にあります。

このような永代供養墓もご安心いた

本寿院関係の合同墓　横浜浄苑ふれあいの杜「ありが塔」

だけることでしょう。

散骨という選択

海の好きだった方にはとても良いものです。私の義父は海の男でしたので、海の散骨を行いました。それがとても美しかったので、その後希望の方を集って、毎年秋に散骨に伺っております。

ただ、その場合、船をチャーターして行いますので、５組ほどが集まらないと実施できません。費用も、樹木葬の方が安いことから、最近は海がお好きな方のみの散骨となっております。しかし、全部の遺骨を散骨するのは反対でございます。たとえ一片の遺骨であっても残しておかれることをお勧めいたします。

石原慎太郎元東京都知事も海へ散骨されましたが、一部のご遺骨のみで、残りのご遺骨は、お墓にお納めになっておられます。

納骨堂という選択

お墓ではなく、納骨堂という方法もあります。納骨堂の利点はお寺の建物の中にありますので、雨や雪の日でもお参りできます。北海道などではよく見かけるケースです。最近では、自動搬送式と言って、カードをかざすと、機械がお墓を運んできてくれて、目の前でお参りできるというお墓が流行しています。多くの場合、駅前など立地条件のいい場所にあり、お寺のお堂の中にありますので、いつでも気軽にお参りできるところから好評を博しているようです。

本寿院の関係する日光尊星王院には山の納骨堂がございます。永代にわたって納骨する浄光壇もございますが、3年間のみ納骨したのちに、樹木葬「さくらん墓」に合祀する「三密壇」もございます。樹木葬「さくらん墓」にすぐ納骨せずに、3年の間納骨堂に安置した上で、合祀する方法です。合祀してしまえば取り出すことができませんので、お悩みの方は、しばらく納骨堂にて個別安置されておかれるのが良いでしょう。

樹木葬という選択

最近、樹木葬を選択される方が多くなってきたように感じます。樹木葬とは、墓石の代わりに、樹木を植えてその周りに納骨する場合や、粉骨にして撒く場合があります。何だか明るい雰囲気のお墓で、お墓参りも四季折々の姿を見せてくれ楽しいことと存じます。

私が住職を務める日光のお寺「尊星王院」では、樹木葬「さくらん墓」がございます。日光駅から車で15分ほどの場所の山頂にあるお寺で、とても静かな聖山にある樹木葬は、自然がいっぱいで、春には桜が咲き誇ります。ですから、桜の時期には、多くの方が

尊星王院

お参りくださいます。
ここでは毎月、納骨式を厳修しております。当月に納骨される方ばかりでなく、その日に各方面よりお集りになり、ご一緒に法要を厳修いたします。
桜の木の下にお納めする樹木葬の費用は、3万円です。全国的にも各方面で樹木葬が行われている中で、3万円のみという安価な費用は、大変喜ばれています
後にも触れますが、お骨仏には分骨を納め、余骨をどちらかにお納めしなければなりません。その場合、樹木葬が一番費用もかからず、美しい樹木葬にご自分で立ち会えると、ほとんどの方が樹木葬「さくらん墓」を選択されています。

尊星王院の樹木葬

お骨仏《こつぼとけ》という選択

さて、本書の本題になっている選択の仕方です。荼毘にふされたお骨の一部（分骨）を「お骨仏」のなかに納めるのですが、残りのお骨は、どこへ納めたらよいのか？　許可された場所にお納めする必要があります。

（＊お骨仏に全部の遺骨をお納めするわけではございません。）

お骨仏の選択は、何といっても本堂の中で、永代供養が続けられることにあります。ここにこそ、遺された人たちの心の安らぎ、心の平穏が保証されていくことに格別の意味があるのです。

お骨仏

お骨仏 (おこつぼとけ)

歴史のあるお骨仏《こつぼとけ》

お骨仏とは、大阪一心寺さんに代表される、たくさんの方のご遺骨とコンクリートを混ぜて固めて仏像を作る場合と、東京本寿院のように仏師が作った仏像の胎内を空洞にしておき、一部の分骨を納める2つの方法があります。どちらも、お寺の堂内で仏像として礼拝供養されることを言います。

当初は、仏舎利や高僧、歴史上の偉人の遺骨でもって造仏されていました。

寛平3年（891）に、三井寺の曩祖（のうそ）智証大師がお亡くなりになってから祖師像を作り、ご分骨を胎内に納

「智証大師坐像」（つちぼとけ奉納　網野三昭作）

められて、実に１１３０年以上まつられているのが、御骨大師として国宝に指定されています。

当院、本寿院はもともと滋賀県大津市にある三井寺山内にありました。現在では単立となり、別の場所にありますが、天台密教の法脈を受け継いでいるお寺です。智証大師のお姿はこのようでした。それを「つちぼとけ」で生徒さんが再現、造仏したのが前頁の写真です。

大阪府 一心寺のお骨仏

「遺骨で仏様を造る。一心寺でこの前代未聞のしきたりが始まったのは明治２０年です。安政３年（１８５６）、年中無休でおせがきの法要を営む常施餓鬼法要が始まりました。それにより、納骨に訪れる方も後を絶たず、納骨されたご遺骨をもっとも丁重にお祀りするためにお骨佛の造立が発願されたのです。

古来、霊場への納骨や納髪の風習があるように、故人の遺骨や遺髪をお寺に納め、永代にわたって供養するしきたりがありました。また、仏教では仏像を造って礼拝することはこの上ない善根功徳とされています。

多くの人々に礼拝される仏様を、遺族にとっては何より尊い故人のご遺骨でもって造立する。それにより、お骨佛を拝めば故人に供養するのと同時に、仏様を礼拝供養することになるのです。まさに仏様への崇拝と先祖供養の精神が融合した、真に妙なる功徳の仏様、それが一心寺のお骨佛様なのです。

第1期造立以来、130年以上の歴史をもち、およそ200万人にもおよぶ故人が、阿弥陀仏のお姿になって一心寺の納骨堂・お骨佛堂に鎮座しておられます。

全国各地は言うに及ばず、遠く海外からも一心寺のお骨佛に、と納骨され、いまでは大阪人の誇りとされ平成17年には、その信仰習俗に対し、大阪市の無形民俗文化財にも指定されています。」

「この「お骨佛」については明治20年当初より、ご遺骨の一部である「分骨」を以て造立する慣習でありましたが、世相の変化に合わせ胴骨（全骨）も受入れてまいりました。

しかし近年、胴骨（全骨）と改葬納骨が増えたことにより、お骨の総量が急増し「お骨佛造立の限界」を超えんとしている事態が深刻化しております。

この為、令和3（2021）年1月1日以降、納骨の受入れを下記の通りとさせて頂きます。

誠に申し訳ありませんが、一心寺の「納骨とお骨佛造立」を将来にわたって継続するため、何卒ご理解下さいますようお願い申し上げます。

小骨壺のみ納骨できます。直径9㎝以下、蓋を含め高さ11㎝以下の小骨壷。1霊につき1壺のみ。

改葬納骨はお受けできません。

「墓地墓じまい・墓出し」、「各種納骨施設からの移転」等の納骨は、できません。したがって改葬受入証明は発行できません。」

（2023年9月　一心寺さんのホームページより）

このように、受け入れ制限をしなければいけないほど「お骨仏」の希望者が多くなっているようです。お墓を持てない方や、お墓じまいを願われる方は、今後関西だけでなく全国的にも求められていることだと存じます。

他でも、お骨仏としてご供養されているお寺もございます。一心寺さんをはじめ、私どもと関係のあるお寺ではございませんので、一般受付をしていない場合もあります。詳細は、直接各お寺にお問い合わせください。ここでは、お骨仏のようにしてご供養されているお寺があるということをお話して参ります。

東寺のお骨仏（仏舎利）

建久8年（1197）、運慶が諸仏の修復を行った際、講堂の仏像15体から、真言陀羅尼と仏舎利が発見されたと伝えられ、平成の大修理の際には、不動明王像の頭部に仏舎利容器が確認されていると言います。

弘法大師が中国・唐から、「80粒の仏舎利を持ち帰った」という記録もあることから、持ち帰った仏舎利をこれらの仏像の中に納めたのではないか、と考えられています。

鎌倉・明月院のお骨仏（北条時頼公塑像）

明月院には、弘長3年（1263）、北条時頼公が亡くなった後、その骨灰を混ぜて作った塑像（粘土や石膏で固めた像）が安置されいます。

山口県指定文化財になったお骨仏（塑像）

自住寺の寿円禅師塑像

美祢市秋芳町の自住寺（じじゅうじ）にある寿円禅師の塑像は、禅師の遺骨を混ぜて作られ、骨灰像と呼ばれています。

正平９年（１３５４）、この地の大干魃に際して、広谷の滝穴（今の秋芳洞）にこもって雨を祈り、その効験があったので、奉謝のため滝穴の淵に身を投じて入滅され、その遺灰を使われたとされています。

安国寺の瑞巌和尚塑像

国指定重要文化財「瑞巌和尚塑像」は、安国寺の一番最初の和尚様の御像で、観応元年（１３５０）に入滅後、４０年を経て明徳３年（１３９２）に作成されたもので、火葬した折の骨灰を粘土の中に塗りこんだ塑像です。

このように、仏像に遺骨を収めるということは、霊的な祈りと神秘性を伴います。お釈迦様が入滅以来、そのお骨を仏舎利として大切にされ、仏像に納められてきたことによるのでした。

仏さまの遺骨を拝むお経

不空三蔵訳と言われる「舎利礼文（しゃりらいもん）」というお経があります。

それは、「舎利（しゃり）」が昔のインドの言葉（シャリーラ）を漢字にあてたもので、「仏さまの遺骨」という意味です。仏さまのお骨（こつ）を拝むお経なのです。

舎利礼文は、火葬場でお骨になったときに多くの宗派で唱えられるお経です。

ちなみに、お寿司の「シャリ」は、お米を仏さまのお骨に見立てて、大切に扱うことをあらわしていると言われています。

お釈迦さまは亡くなると火葬され、その遺骨は縁のあった周辺の部族に分骨されました。そして、それぞれ大きな塔を建てて供養しました。

この「お骨を塔に納めて供養する」という考えが日本に伝わると、五重塔や五輪塔になり、現在の板のお塔婆になったということです。

塔婆は正式には「卒塔婆（そとうば）」と言いますが、これも昔のインドの言葉で塔のことを「ストゥーパ」と言ったことに由来するそうです。

お経「舎利礼文」

一心頂礼（いっしん・ちょうらい）／ひたすらに礼拝（らいはい）いたします
万徳円満（まんとく・えんまん）／多くの徳を十分に備えた
釈迦如来（しゃか・にょらい）／お釈迦さま＝仏さまの
真身舎利（しんじん・しゃり：身心舎利とも）／お体とお骨に対して
本地法身（ほんじ・ほっしん）／また、その尊い仏さまの
法界塔婆（ほっかい・とうば）／お骨を納めた供養塔に対して礼拝いたします
我等礼敬（がとう・らいきょう）／このように私たちが礼拝いたしますと
為我現身（いが・げんしん）／仏さまは私たちのために姿を現し
入我我入（にゅうが・がにゅう）／私たちの心に寄り添い、仏さまと私たちは一つに
なったように感じるのです
仏加持故（ぶつが・じこ）／こうして仏さまが守ってくれるように感じるからこそ
我證菩提（がしょう・ぼだい）／私たちは大切なものを得ることができ
以仏神力（いぶつ・じんりき）／仏さまの見えない力によって
利益衆生（りやく・しゅじょう）／私たちは救われるのです

発菩提心（ほつ・ぼだいしん）／道を求めようと心を起こし
修菩薩行（しゅう・ぼさつぎょう）／道を求めて行動すれば
同入円寂（どうにゅう・えんじゃく）／よりどころができて、みんな心やすらかとなることでしょう
平等大智（びょうどう・だいち）／このように、人々を平等に導く仏さまの智慧（ちえ）に対して
今将頂礼（こんしょう・ちょうらい）／いま、まさに礼拝いたします

お骨仏では、このようなお経を唱えられ供養されます。
遺されたものにとって、こんなにありがたいことはないのではないでしょうか。
お骨仏が希望のお墓であることの所以であります。

全国各地にあるお骨仏《こつぼとけ》（※印　本寿院関係寺院）

新潟県のお骨仏

国上寺
新潟県燕市

栃木県のお骨仏

尊星王院　（円宗院　日光別院）※
霊符の総本山として知られています。
栃木県日光市瀬尾３２１３－５
日光駅より車で１５分。
山の山頂にあるお寺は、尊星王を祀るお寺です。山頂にある静かな山寺に、鐘の音

尊星王院（円宗院　日光別院）

と読経の声が響き渡る聖山のお寺です。

埼玉県のお骨仏

広徳寺（本寿院　埼玉別院）※

尼僧の道廣尼が、開山したお寺。

埼玉県本庄市児玉町児玉1504－3

NHKカルチャーセンターや、NHK学園主催の巡礼など活動する中で、たくさんの女性の悩み相談を受け、死後の不安を抱えた女性のかけこみ寺として知られていま す。

「ぶっちゃけ寺」などテレビでも紹介される名物尼僧さんです。

広徳寺（本寿院　埼玉別院）

東京都のお骨仏

本寿院　※

東京都大田区南馬込1－16－2

住職は、土仏師であり、住職自らの手で先代住職のお遺骨を粉状にし、2008年第56世門跡の遺骨で造仏されました。

その後、35名の方の遺骨で2体目が造立され安置されています。

当初大阪一心寺のように10年おきに造仏する予定をしておりましたが、10年先までお参りできないとの声があり、先に仏師により造仏を完成させ、一部の分骨をお骨仏の胎内に納骨する方法をとっております。（本寿院のお骨仏については詳細を後述します）

本寿院

千葉県のお骨仏

大福院（本寿院　千葉別院）※

千葉県市原市石塚645番地

千葉県房総半島の真ん中にある山のお寺です。

「悲しみのお寺」として、死別の悩みや苦しみに向き合い、静かにつちぼとけを作れるお寺です。

つちぼとけ美術館が併設されています。

一部の分骨を納め、余骨は樹木葬へ納骨します。

大福院（本寿院　千葉別院）

神奈川県のお骨仏

円宗院　※

神奈川県平塚市東中原2－17－7

人形供養・つちぼとけ教室等が開かれています。

日立製作所奉安の、お助け地蔵盆が有名で、毎年地域の子供たちが集まって、「お助け地蔵盆」が開催されます。

一部の分骨を胎内にお納めし、余骨を樹木葬に納骨します。

愛知県のお骨仏

一乗院

愛知県名古屋市

円宗院

平成9年に1体、さらに平成15年に2体目のお骨仏の造像が成り、阿弥陀堂に安置されています。

飛鳥 善光寺

愛知県海部郡飛鳥村

大切な亡き故人のご遺骨を、丁重に「仏様」（阿弥陀様・観音様等々）に造立します。さらにお祀りをして、永代にわたり、安置させていただく納骨の仕方です。仏教広儀の「即身成仏」として身と心（魂）を葬送し、永代供養いたします。ご遺族の「故人を偲ぶ心」を受け止める最上の先祖祭祀、供養法となるのではないでしょうか。

京都府のお骨仏

金戒光明寺

京都市左京区

この世で別れても、亡き人への供養を通してお念仏のつながりは続いています。当山で承った遺骨は、納骨堂に暫くお祀りし、後にお骨仏として奉安いたします。拝む方も、拝まれる精霊も、阿弥陀仏の極楽浄土にて、ともに一所に会することのできるよう、納骨堂のお骨仏をお祀りしております。

滋賀県のお骨仏

西願寺

滋賀県近江八幡市

この仏は、平成23年3月11日、東日本を未曾有の大震災が襲ったことに由来。震災直後、遺族が西願寺に納骨を依頼したことを受け、三十一世住職・念誉昭憲上人が、震災の惨状を風化させることなく、また永代にわたり遺骨を供養するため造立。

石川県のお骨仏

孝真寺

石川県金沢市

孝真寺では、昭和5年以来、火葬場から廃骨を粉にしてセメントで固めて、すでに釈迦如来立像、阿弥陀如来立像、観音菩薩立像の3体の仏像、聖徳太子立像、親鸞聖人坐像、蓮如上人立像の3体を練造しています。

広島県のお骨仏

敬覚寺

広島県安芸高田市

大正4年から開始され、阿弥陀如来6体、約1000人を目安に1体を造立。お骨を住職と総代で粉状に砕き、仏師に依頼して造仏。

島根県のお骨仏

東林寺

島根県松江市

「御骨仏」の胎内に分骨し、春秋の彼岸、盆の年3回の法要にて特別回向を営む。

香川県のお骨仏

法然寺

香川県高松市

仏生山で知られる。立体涅槃像で有名なこのお寺には、7体のお骨仏が安置されています。昭和24年ごろから開始され、阿弥陀三尊・阿弥陀坐像・観音菩薩が造立されています。

10年を目安に1体を造立。お骨を僧侶が粉状に砕き、仏師に依頼して造立。

兵庫県のお骨仏

光明寺

兵庫県姫路市

「住職　平田顕瑞師は、去る明治32年先代住職の没後、同寺の住職を継承したるが、先代の遺骨を永久に祀らんとて、白骨の仏像を思ひ立ち、爾来十七星霜3000余名の白骨をもらい受け製作。仏体は如来の坐像にして高さ二尺、宛然古色蒼然たるものあり」（大阪朝日記事）とあります。

福岡県のお骨仏

長専寺

福岡県遠賀郡

お骨仏を安置する「青色青光」堂内にあります。

熊本県のお骨仏

本寿院　熊本別院　※

熊本県熊本市中央区黒髪1－11－36

本寿院住職が熊本の陶芸窯で、つちぼとけを焼成したり、つちぼとけ教室や法話会などに伺ううちに、熊本にもお骨仏を安置してほしいという希望の声が寄せられ、令和元年8月29日、お骨仏が開眼

本寿院　熊本別院

されました。

一部の分骨を胎内に納骨し、余骨を樹木葬「さくらん墓」に埋葬します。

本寿院のお骨仏

たくさんの相談から生まれた「究極の供養」

たくさんの人生仏事相談を承ってまいりました。私が開設する「お寺ネット」では、無料相談を受付けており「かけこみ相談室」は、2000年の開設以来 14万件を超える書き込みがされました。アクセスも250万PVを超えます。

そしてバーチャルなものからリアルな相談にと「NPO法人かけこみ相談センター」を立ち上げ、ボランティアの方々と相談活動を行っております。その内容は、NHKニュースウォッチ9でも特集されました。

また、私が行っている活動は、「つちぼとけ」を中心としており、読売カルチャー

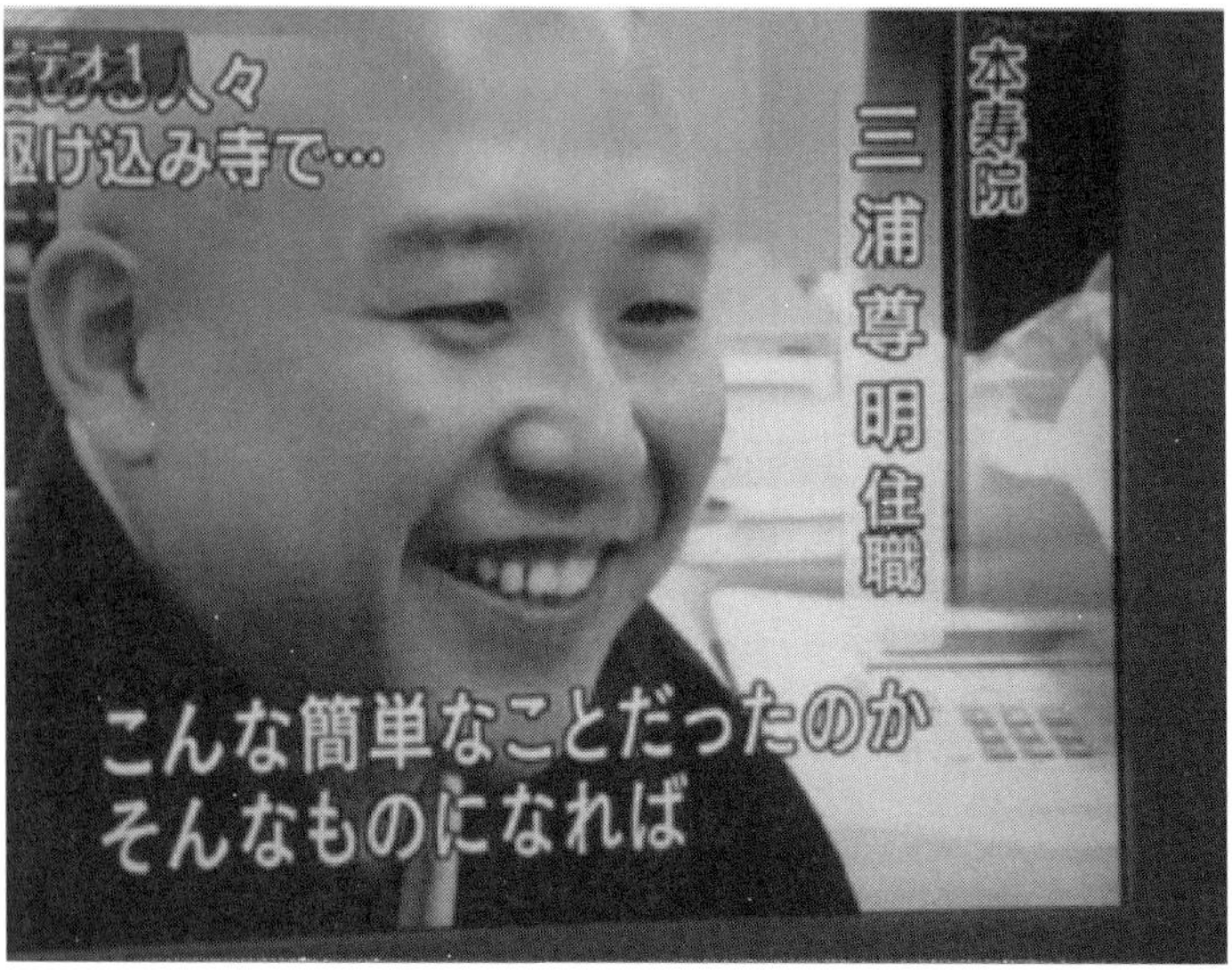

NHK ニュースウオッチ9

やNHKカルチャー、コープカルチャーなど全国各地に伺い、皆さんとともに「つちぼとけ」造仏を行っております。その数は、のべ7万体を超えるようになりました。

そんな活動の中で、様々な相談が寄せられます。

まず多かったのが、後にお話しする「戒名」の問題です。その次に「お墓」の問題です。

昨今、子供がいない、娘だけ、離婚をして……など、前述したようにお骨の扱いに、困るような世情により、手を合わす対象や場所が見直されてきており、現代はお骨仏が、その役割を担っていくものの一つになることに間違いないでしょう。

大切な方の遺骨が仏様の中に納まり、故人がたくさんの方々に手を合わされる存在となるのです。本堂にて毎日読経がなされ、供養されていきますので、お墓のように、子孫がいなければ無縁になるという心配もありません。墓地所有の方も、たとえ一片でもお骨仏に分骨されれば、その方が祈りの対象となります。

次世代の方が次々と手を合わせて供養してくれるとともに、私自身も仏の姿となって見守れる、このような存在になれるのがお骨仏です。

私が住職を務める東京の本寿院でも、お骨仏の受け入れを行っております。

お骨仏は、一柱3万円のみです。(改葬も同じです)

正確にお伝えいたしましょう。

お遺骨は、分骨と余骨に分け、お骨仏には一片の分骨をお納めします。それに費用はかかりません。

余骨は、日光にある「さくらん墓」に納骨します。この樹木葬は、3万円で納骨できます。ですから3万円で納骨できる形になります。これは、日光尊星王院・埼玉広徳寺・千葉大福院・神奈川円宗院・熊本本寿院、すべて同じです。

お骨仏に納骨される方は、ご自分のお墓のある方もあります。また、海への散骨や故郷の合祀墓に納骨される方もあります。このような場合には、一片のご遺骨をお骨仏にお納めします。

例えばこのようなことがありました。群馬県の方ですが、先祖のお墓が群馬にあるが、なかなか実家に帰ることはできない。お墓は長男が守っているが、娘は東京に嫁ぎ、近くでお参りしたいと、分骨を本寿院のお骨仏にお納めになりました。

このように、お墓が地方にあるけれど、改葬して墓じまいするのではなく、先祖代々のお墓は残した上で、近くにお参りできる場所を作られる方もおられます。この場合の納骨に費用はかかりません。

納骨先を選ぶこともできます。日光の樹木葬であれば、3万円ですが、横浜に開設した永代供養墓「ありが塔」であれば、8万円と納骨料3万円、手桶基金の合計、113、000円。

海への散骨を希望される場合は、毎年、船をチャーターして海への散骨を行っております。5組程が乗船して、海に散骨します。その場合、88、000円（税込）。

また、日光尊星王院納骨堂の場合、3年間ご安置する「三密壇」は5万円。33年間お骨壺のままご安置する「浄光壇」は、20万円とどちらも選ぶことができます。

本寿院にお骨仏を申し込まれた方が、このようなことをお話しされていました。

「本寿院さんは、余骨の納骨場所が公表されており、且つ納骨法要やお参りにも行けるので嬉しい」と。

大切な方のお遺骨ですので、安心してお参りいただけるよう、できる限りの供養をさせていただいております。

ネット霊園とオンライン法要

また、当院では新しい試みを取り入れて行っております。

その中で、「ネット霊園やライブ放送・オンライン法要・送骨・手元供養」が挙げられ、これもNHKおはよう日本や朝日新聞などメディアに取り上げられたものです。

■ネット霊園を開設致しました。

（https://netreien.net）

自分の生きた証を遺しておきたいという相談がございました。有名人であれば、ウィキペデアなどに残っていきますが、一般の方の半生や生き方について残す場所がありません。また、通常のお墓であれば、戒名などが墓誌に刻まれますが、お骨仏の場合には、刻まれる場所がありません。故人の遺影写真や思い出の写真をネット上に遺しておくことで、世界中からネットを通じてお参りができます。

ネット霊園に生きた証を残す
あなたの感謝の言葉を一緒に遺しておきませんか？

昨今、葬儀が縮小化され、年末に喪中ハガキが届いて縁が切れるという寂しい思いをされたことはありませんか？

場合によっては、家族は交友関係がわからず、喪中ハガキすら来なくて、さよならすることも少なくありません。何だか、寂しい時代になってきました。

葬儀は、実はちゃんとやった方が良いものです。私は、葬儀ディレクターを養成する専門学校で仏教を教えておりました。

そこで、葬儀は何のために行うのか？という話を伝えてきました。

第1に「遺体の処理」、第2に「魂の処理」、第3に「社会的処理」です。

葬儀を行うことによって、故人も遺族も救われるのです。苦しみも何もない、御仏の浄土に導かれ、故人の冥福を心から祈るのです。そして、集まった親戚や知人、友人に対して今までのお礼とともに、これからのご縁を繋げていくのですね。

最期のお別れを済まさないと、心がスッキリせず、とても寂しく思うものです。

会葬礼状や喪中ハガキに、ネット霊園のＱＲコードを記載しておかれることで、感謝の思いや当時の葬儀の様子などを伝えておくことができます。

また、コメントの書き込みができますので、遺族の知らない方々からお悔やみの言葉や感謝の言葉が綴られていきます。加えて、遺族の方が、亡き方への思いを吐露される場所にもなります。毎日のように書き込まれる方もあります。

私の亡くなった両親もネット霊園に開設しておりますが、故人の没年月日や回忌法要など思い出したときに確認できるとともに、法要の案内や報告など、新しい時代のお参り方法に対応しております。

また、オンライン法要のライブ放送を設置することも可能ですので、遠方や多忙の方もネット霊園からお参りされることもできます。

ネット霊園は、素人の私が開発・管理しておりますので、費用も不要です。どなたでもご利用いただける、新しいプラットフォームになればいいと考えております。

中には、生前に開設されておられる方もあります。

ご自分のお気に入りの写真や、SNSの歴史をリンクされています。FACEBOOKやブログなどリンクを貼り付けておくだけで、一箇所に集約され、もしもの時には、そのURLを知り合いに知らせるように遺言されている方もあります。

とても喜ばれているシステムですので、一度ご覧いただければ幸いです。

24時間、いつでもオンタイムでお骨仏にお参りできます。

加えて、ユーチューブライブにて２４時間ライブ放送しております。ネットを通じて、パソコンやスマートフォンからどこからでもお骨仏にお参りできます。

２４時間オンラインで配信するのは、仏様に失礼な部分のあることも否めませんが、２４時間いつでも、海外などからもオンタイムで手を合わせることができるのです。

ご自宅にある仏壇の前から、ライブ放送に接続してお参りされる方もございます。

ネット霊園

ライブ放送ですので、お花やお供物の状況、僧侶が勤行している様子、また掃除をしている状況など、オンタイムで見ることができますので、写真とは違う臨場感と安心感が湧いてくるのではないでしょうか。

スマホからお墓参りをすることもできます。移動中や旅行中であっても距離は離れていても心が繋がっているようです。

オンラインを活用することによって、関東のみならず全世界からお参りいただけるのです。

あなたのスマホそのものが、まるで仏壇のように、故人のお骨仏が映され、故人の写真や動画、メッセージを見て、ユーチューブからお経が流れてくる。どこにいても、つながっている新しい時代の参拝方法です。

オンラインで法要する時代になりました

コロナ禍となって、オンライン法要が当たり前になりました。当院でもオンライン法要は、20年ほど前から行っておりましたが、当時は静止画のみでした。しかし、zoomやユーチューブ・LINEといった新しい方法が取り入れられ、非常に簡単に配信できるようになりました。

当院では、毎週のようにオンライン法要依頼があり、実施しております。先日の方は、スペインからの三回忌法要でした。

このように当院では距離と時間を超えて、心を一つにして供養ができるように進めております。

ライブ放送で、いつでも、どこからでもお参りがりができます。特には、病院や老人施設に入所されている方にとって、今までは諦めていた法要にオンラインで参列することとができるようになりました。

先日は、若い方がな

NHK おはよう日本に出演

くなった三回忌法要に、３０名ほどのご友人がオンラインで参列されました。三回忌となると身内だけで、ご友人は参列されないのが一般的です。しかし、オンラインによって、SNSなどで情報が伝達し、仲の良かった方が画面を通じて参列されます。

私は、とても嬉しくなってきました．法要の後、画面を見ながら、多くの方々に法話をさせていただきました。

僧侶は、お経を読むことが仕事ではなく、仏教の教えを現代人の心に届けていくことが大切であると考えております。

オンラインという新しい試みによって、法事＝めんどくさいものではなく、寂しさ悲しみを直視し、受け止め、しっかりと命を見つめ、生かされている自分の意味を考えるのです。こうして、感謝の祈りをそれぞれの場所からできるのではないでしょうか。

当院では、新しものは、どんどん取り入れつつ、社会の変化とともに、仏教も変化していく必要があると考えております。

お骨仏《こつぼとけ》 Q&A

youtube
本寿院つちぼとけチャンネル

Q：3万円だけで納骨・永代供養をしていただけるお寺があって本当に感動です。
住職：その通りでございます。費用のことより、供養が先です。安心してご供養できますことを願っております。
お骨仏に申し込まれる方は、いろいろなケースがございます。お墓がなくてお骨仏に希望される方は、一片の分骨をお骨仏に収め、余骨を尊星王院の樹木葬「さくらん墓」にお納めします。その場合の余骨の樹木葬費用は3万円です。また、お墓はあるけれど、お骨仏として分骨を希望される場合や、散骨をされ、分骨をお骨仏に収められる方は、お骨仏の費用は不要（無料）です。
お骨仏自体は、住職が安心した供養をしていきたいという願いから造仏された祈りの仏さまです。本堂内にございますので、毎日法要が勤修され、毎月15日には、合同で月法要、春の彼岸には、花法要を厳修し、大切なお遺骨をご供養しております。どうぞ、ご安心いただき、お近くにお越しの節は、いつでもお参りください。
Q：お骨仏のことをテレビで知り、ネットで探すと東京にもあることを知りうれしくなりました。
住職：智証大師（9世紀）の臨終に際しての命により、門人達が大師入滅後、その姿を模刻し、像内に遺骨を納め安置したとされ、御骨大師と呼ばれています。それは国宝に指定され、今も三井寺山内におまつりされています。（当院にあるわけではありません）当院は、その法脈を継ぎ、それにならってお骨仏を発願しました。

まさに最上の供養法であると考えます。まさにたくさんの方の祈りがこもったお骨仏であると言えるでしょう。私の父や母もお骨仏としてご供養しております。

後継者がいない方や墓じまいなどお墓や供養の問題が、お骨仏はすべてを解決するものであると存じます。

Q：子供がいない。娘は嫁いで行きました。自分が入るお墓がありません。
住職：大丈夫です。かわってご供養申し上げますのでどうぞご安心ください。お骨仏に納骨されている方には、そのような方が多くおられます。
お墓が継承できない、独身などお墓にお困りの方ためのお骨仏であるとも思います。また、親戚やご友人がお参りいただくことも可能ですので、当院のお骨仏である旨お伝えください。そしてネット霊園には、生きた証を残すことができます。ご自分の思いや感謝の言葉を綴っておかれることをお勧めします。死後の不安がなくなれば、残された人生が輝いて来ることと存じます。

Q：離婚をして実家に出戻りましたが、墓は長男が継いでおりお墓に入れません。

住職：通常、分家した方は本家の墓に入ることはありません。なぜなら、あなたのお子様がおられた場合、どなたが施主となって法要をされるのですか？　お墓の管理維持は本家ですか？　お子さんですか？　お墓は、長い年月続きますので、お孫さんの代になったことを考えると、別に求められるほうが良いでしょう。お骨仏には、実家のお墓に入れないという方の納骨も多くございます。

Q：生活保護を受けているので経済的に困っています。

住職：どうぞ、ご相談ください。費用のことより供養が先です。納骨費用は、3万円のみですが、難しいようなら分割でも承っております。どのような相談でもできる限り対応させていただきます。

Q：遺言で俗名のままになっています。戒名なしでも納骨できますか？

住職：大丈夫です。俗名のままでも構いませんが、なぜ？俗名でいいと遺言されたのでしょうか？　戒名は、仏弟子として導かれる永遠の法名でございます。当院では、戒名の大切さを訴え続けております。

もし、経済的な理由でお困りであれば、私が無料でお授けいたします。お骨仏に納骨の方には、俗名の方もおられますが、私の想いが伝わったのか、一緒に戒名も申し込まれる方も多くあります。

皆さんが、何より安心して手を合わせ、ご供養されていかれることが、何よりも良いと考えます。

Q：亡き主人の会ったこともない両親の遺骨が残ったままです。納骨できますか？
住職：大丈夫です。しかし、埋葬もしくは火葬許可証が必要となります。骨箱の中に入っているかご確認ください。もし、無い場合であれば法律的に受付できません。役所にご相談になり、火葬証明書を再発行してもらってください。

Q：ペットの遺骨と眠りたいのですが。
住職：本堂にあるお骨仏「阿弥陀如来」は、人骨のみの受付となります。

別の供養堂には、ペット専用のお骨仏「安らぎ観音」様がおられますので、ペットはそちらにご納骨いただけます。

Q：遠方のため郵送で遺骨をお送りしたいのですが。
住職：郵送でも受け付けております。まずは、当院にご連絡いただき、送骨セットを代金引換にてお送りいたします。お骨壷に合わせた形の段ボールと梱包材が入っていますので、そのセットに入れて「ゆうパック」からお送りください。お遺骨を送ることができるのは、郵便局だけになっています。
送骨に関するメディアの取材を多数受けて参りました。ゆうパックで送ることに、罰当たり的な感覚をお持ちになる方もございます。しかし、遺骨は大きく重いため、車のない方にはとても大変でございます。
送るという一時の運搬の方法よりも、大切なことは今後どのように供養されていくか？ということでありましょう。お骨仏にと願われる全国の方からお申し込みいただくことが可能です。もちろん、可能であれば当院僧侶が車でお迎え（取り）に伺っております。

Q：水子の遺骨をもったままです。納骨できますか？
住職：大丈夫です。ただ、火葬許可証がないと受付できません。証明書のない方は、5年以内であれば火葬場にお問い合わせいただき、再発行していただくことになります。火葬場や記録がわからない場合は、役所にご相談ください。数十年たっており、どうしてもわからない場合は、現在お住まいの役所にご相談ください。法律的に火葬証明書がないと、受け付けることができません。

Q：お骨仏は、全部のお骨を納められないのでしょうか？

住職：お骨仏に全部の遺骨を納めることはできません。あくまでお骨仏には、一片の分骨のみで、余骨は許可された樹木葬に納骨されます。

お骨仏は、祈りの仏さまとして、たくさんの方の遺骨でご供養して参ります。大阪の一心寺様では、22万人の遺骨で作られています。お遺骨は、関西と関東では感覚が違ってきます。関西の骨壺は、小さく、火葬場で一部の遺骨のみ持ち帰ります。それに反して、関東では、全骨を大きなお骨壺に収めます。関東の方は、遺骨を分けると霊が迷うのではと考える方がありますが、そんなことは一切ございません。ご分骨並びに、一部の遺骨を本山納骨される方もありますが、それは霊が迷うどころか、たくさんのところから供養されるので良いと考えます。

Q：今後のお参りはどちらに伺えばいいのでしょうか？

住職：どうぞ、お骨仏にお参りくださいませ。また、機会がございましたら日光にもお参りいただけます。東京の本寿院は、毎日9時から18時まで開門しておりますが、日光は、予約制です。ご予約の上お参りください。春には桜、秋には紅葉、四季それぞれの顔を見せてくれる日光の樹木葬です。

Q：手元供養はあったほうがいいでしょうか？

住職：手元供養とは、少しのご分骨をつちぼとけや小さな容器入れてご自宅にて供養されることです。

　遠方の方でも、ご自宅でお参りいただけますので、とても安心されています。注意しなければいけないことは、手元供養として通常30年から50年はご自宅に安置供養されますので、その容器は安価なものではなく、ちゃんとしたものを求められることをお勧めします。また、皆さんが手を合わせられますので仏様の形が一番すっきりします。お仏壇のない方も、棚につちぼとけと位牌と遺影写真と、お花やろうそく、線香で、そこは祈りの安心空間となります。

　なお、最後に残ってしまった手元供養の分骨は、どうすればいいのでしょうか？と心配される方があります。その場合、当院へお戻しください。お骨仏の記録が当院に残っておりますので、樹木葬に埋葬しご供養いたします。

Q：お骨仏の生前予約はできますか？　一杯になれば、中止になるのですか？

住職：もちろん生前予約も可能です。現在、3から4割の方が生前申し込みされています。お骨仏に納骨するスペースは限られています。一杯になると、もう一体のお骨仏を造立しようと考えておりますが、それ以上はご安置できないため、お骨仏の受付を中止する予定です。一心寺様のように受け入れ制限をする必要があるかもしれません。

生前申し込みの方のスペースは確保しておきますので、ご家族と同じお骨仏に入りたいなど希望があれば、生前予約をなさっておいてください。

Q：そのお骨仏の申し込みをするには何が必要でしょうか？

住職：お申し込みは毎日9時から18時まで年中無休で受け付けております。予約の必要もございませんが、多くのご参拝がありますので、日時がわかればご予約の上お越しいただいた方がスムーズです。申し込みには、1時間ほどかかりますので、予約の方を優先して受付しております。また、申込受付後、ご希望の方には「合同法要」

にご参列ください。10時30分／12時30分／14時30分／16時30分の四回の法要があります。法要時間の60分ほど前にお越しになり、受付くださるのが良いでしょう。

また、三回忌や七回忌など回忌法要や追善法要として、「個別法要」のご予約をされるのが良いでしょう。その方だけの個別法要ですので、ご親戚の方など皆さんが安心してお参りいただけます。個別法要のご予約は、ホームページ、もしくはお電話（03-3772-8889）でご予約をお願いします。

■必要なもの（没後）：ご遺骨／火葬証明書（通常は骨箱の中に入っている大切な書類です。必ず原本をお持ちください。コピー不可）もしくは改葬証明書、もしくは分骨証明書／申込者の身分証明（免許書やマイナンバーカードなどのコピー）／印鑑（認印）／申し込み金／お供物（故人の好きだったお花や飲み物食べ物など）／戒名やお位牌、遺影写真のある方はお持ちください。

申込用紙にご記入いただきますが、事前にご記入の上ご来院をお勧めしております。服装は、喪服でなくともかまいませんが、法事ごとですので華美にならず、清楚な服装でお越しください。

なお生前申し込みの方は、申込者の身分証明／印鑑／申し込み金のみで構いません。

Q：火葬証明書を紛失した場合はどうすればよいですか？
住職：法律的に受付することができません。役所に行って再発行してもらってください。

Q永代供養は、どのようにしてくださるのでしょうか？

住職：本寿院では永代供養を承っております。

永代供養とは、本堂にお骨仏が安置され、毎日法要が厳修されています。そして、故人様の俗名と戒名を過去帳に記載し、祥月命日の時に個別にお読み上げしてご供養申し上げております。

ご遺族の方へは2ヶ月程前にハガキでお知らせをいたします。そのハガキをご持参くだされば、費用の負担なく三十三回忌まで、合同法要にご参列することができますし、そしてご供養申し上げます。

永代供養は、1柱10万円以上のお布施を賜っております。

遺族のおられない方や、子供たちに負担をかけたくない方には、永代供養をお勧めしております。

Q：宗派などは関係あるのでしょうか？

住職：宗派・宗旨・国籍を問いません。どなたでもお申込みいただけます。

当院は、天台宗系単立のお寺です。ほとんどの宗派が天台宗から出ていますので、宗教の母山とも言われております。仏教は一つです。宗派にこだわる必要は何もございません。

Q：キリスト教や神道、新興宗教の場合は？

住職：供養は誰が行うのでしょうか？　本人が熱心に信仰されていたのであれば、その方はその宗教によって既に救われていることと存じます。供養は、遺された方が行う「祈り」です。申込者の方が、当院の考えに即してお申し込みください。お骨仏は、どのような方でも受付いたしますが、法要の方法は、当院の法式に従っていただきます。当院は、天台宗系単立のお寺です。天台宗は、日本宗派の根本です。ですから、何ら問題ございません。南無阿弥陀仏も南無妙法蓮華経もどちらもお唱えします。

もっとも、お骨仏は入れ物ではなく、仏様です。遺族がキリスト教や新興宗教を信仰されているのに、お骨仏の仏様ではおかしいことになります。その場合、お断りいたします。加えて、本堂内ですので、讃美歌や太鼓など他の参拝者の方の迷惑になるような場合はお断りする場合があります。

Q：今後の管理費等は必要ですか？
住職：当院では、遺された方に迷惑をかけたくない、子供がいないなどのご相談から、このようなお骨仏などの活動をしております。管理費など一切不要でございます。もちろん、寄付を求めることもございません。
　ただ、お寺を管理していくということは、費用面など大変なことでございます。中には過分のご志納を賜る場合や、遺贈・不動産の寄付など承っております。お寺は様々な方により、それぞれの方法で支えられ社会の方々に役立っていると考えます。

Q：本寿院の関係寺院が全国にありますが、違いがありますか？
住職：すべて、三浦尊明住職が兼務しておりますので違いはございません。お近くのお寺にお申し出ください。また、近くに行かれた際には、どうぞお参りになってください。（本寿院以外は、要予約）

Q：故郷のお墓に納骨し、分骨をお骨仏に納骨できますか？
住職：故郷のお墓に納骨をし、関東在住のため、お骨仏へ分骨をしてお参りが度々できるようにしたいというご相談が、時々あります。分骨証明書があればお骨仏のみの申込みも可能です。（お骨仏のみの場合は費用もかかりません）火葬場あるいは遺骨が納められた墓地の管理者に、分骨証明書を発行してもらってください。

Q：日光の樹木葬に納骨する時、参列できますか？
住職：どなたでもお参りいただけます。毎月日程が決まっておりますので、尊星王院のホームページをご確認にいただき、ご予約の上お参りください。
（https://miidera.or.jp）

Q：火葬後すぐに持ち込みできますか？
住職：火葬後遺骨を自宅に置けない方は、ご相談ください。通常は、四九日まではご自宅にてご供養されます。しかし、さまざまな事情で自宅に持ち帰れない。故人は都会で一人暮らしをしており、地方からご兄弟が上京され、火葬までは済ませたが、地方に持ち帰ることもできない。また、北海道で葬儀を行い、葬儀終了後、私がお連れしてお骨仏にお納めしたことや、お一人様の最期に立ち会い、もしもの時の約束（生前契約）をしている方もあります。

当院では四九日までの間本堂にてご供養後、遺族に代わって納骨いたしております。

Q：やっぱり、戒名と位牌が欲しいのですが。

住職：故人の遺言で、お墓も戒名も位牌もいらないと言っておりました……という相談も少なくありません。果たして故人は、なぜ？そのように遺言していたのでしょうか？

全く仏様も信じられず、完全なる無宗教だという方は別として、多くの場合は、遺された子供たちに迷惑をかけたくないという「経済的」な問題が多くあります。当院では、そのような相談が多く寄せられ、親の言う通りにやったけれど、葬儀も戒名も位牌もなくて、これから何をすればいいのか？　お盆やお彼岸など墓参りをするにもどうすればいいか？　お位牌がないとお盆に迎えることができない、など現実の生活の中で、どこに向かって手を合わせれば良いのか？と悩まれる方も多くあります。当院では、戒名料は3万円としており、経済的にも負担がありません。お骨仏も3万円ですから、戒名やお墓・供養に関して何も心配いらないのです。

当院では、費用のことより供養が先と供養の大切さを説いております。この機会に、戒名を授かり、位牌を作り、ちゃんとご供養されることは、あなた自身だけでなく、ご家族や子供たちに「手を合わせる」感謝の心が培われていくと存じます。そして同時に、故人は御仏に導かれ、安らかなる成仏が完成することと強く信じます。

お骨仏を申し込まれた方からのご意見を紹介します

■ずっと、自宅に置いたままのお遺骨

意外と多かったのが、自宅に遺骨を持ったまま、どうすればいいか?と悩んでおられたとのことです。頂戴しました直の声を紹介させていただきます。

・どうすればよいか?　何をすればいいかわからずに、ずっと持っていました。
・遺骨を早くおさめたかった。
・お骨の安置場所がなかった。
・お墓がないので自宅で保管していました。
・お骨仏の件を知るまでは、どうしたものかと考えている内に8年という月日が過ぎ

てしまいましたが、お骨仏を知って安心した次第でございます。
・供養の仕方が分からずにいた。
・心の整理がつかない。
・母の遺骨を手元に置いてあったことがすごく心配になってきた。
・親族が一切関わらず遺骨の安置所がなく困っていた。
・ずっと自宅に置いていたので、気になっていた。
・私も身体が弱ってきて、いつまでも未解決のままではいけないと思っていましたので、ひとつの区切りができて本当に良かったです。どのようにご供養すれば良いか分からず困っていましたので。
・なかなか気持ちの整理がつかず、5年も経ってしまった。ずっと不安でいたのを後悔しています。
・お墓を建てることもできず自宅で保管しておりました。(供養、納骨にも費用がかかるので)娘の私が独身のため、後継者もなく、長引いた入院で余裕も無かったので不安ばかりでした。
・母が亡くなって7年。様々な事情が重り、きちんと供養をしてあげることができませんでした。娘の私自身の環境や、心が落ちつかずにいましたが、今回、身の回りの色々な節目もあり、納骨を決めました。
・ずっと自宅に持っておりましたので、これで安心しました。
・今まで金銭的な余裕がなく、父の納骨をして供養をさせてあげられませんでしたが、本寿院さんが大変お安く納骨させていただけることを知り、ようやく父の供養ができました。永代にわたり懇ろの供養を祈っています。
・色々と探していましたが、刻々と時間ばかり過ぎてしまい、焦っていたところに本寿院様に出合い、お忙しい中、面談相談をさせて頂きました。本当に安心して、お願いすることができました。ありがとうございました。

■次に、お骨仏のシステムに賛同された方

・NHKのテレビ放送で「これだ！」と感動しました。
・ミヤネ屋の情報番組を見てこんな方法があるのかと即決しました。
・朝日新聞の記事を見て安心しました。
・日経新聞のお骨仏記事を見て、本寿院様を見つけられました。
・テレビ サンデーステーションで「高齢社会の切り札」「激安のお墓」と紹介されていたのを見て決めました。

・羽鳥慎一のモーニングショーに紹介されていたのを拝見して。
・何よりも3万円だけとは、年金生活者にとって嬉しい限りです。
・本寿院様の全てのシステムは、私たちに寄り添っていてくれて素晴らしいです。
・東京近辺で一心寺と同じようなシステムを探していたところこちらのお寺のことを知りました。
・大阪出身で一心寺のことはよく知っていましたが、東京にお骨仏を見つけられて良かったです。
・一心寺に納骨しようと思ったら、受け入れ制限で納骨できませんでした。業者さんが静岡にある知らないお寺に持って行くならというけれど、そんなお寺より本寿院の方が良いと思ってお願いしました。
・一心寺さんの余骨はどこに埋葬されているのか公表されていませんが、本寿院様の場合は日光にあり、自分で樹木葬に納骨できることで安心しました。
・はじめから、お骨仏を希望しておりました。
・家族全員生前に申し込みでき安心しました。
・法事の件も、明確に金額が示してあり安心です。ネット墓誌等、時代の移り変りに沿った供養に共感します。

・遺骨に対するお考えに納得するものがありました。
・一身上の都合で、お骨仏様へ改葬いたしました。お骨仏様という形になり、分骨は円宗院様へと。お墓の継承者のいない者にとっては、料金も含めとてもありがたい供養の仕方だと思っております。また、ホームページは知りたいことがわかり易く説明されており、「お骨仏」を調べる時にとても参考になりました。
・親として情けない人間ですが、どうぞ娘の事宜しくお願い申し上げます。お墓のことで困っている者に手をさしのべてくださり本当にありがとうございます。お骨仏様として供養していただける、最良のお寺だと感じております。本当にありがとうございます。
・お骨仏のシステムを考えていただいてありがとうございます。友人にも話をしております。（お墓を持っていない方なので）
・お骨仏として阿弥陀様の中に入れて頂き、毎日読経して頂けること、また送骨というシステムがあり生前申し込みできますことは、パンフレットに記載されておりますように「死後の希望」と言えます。時代のニーズでもあると思います。本当に有難く感謝申し上げます。宜しくお願いいたします。
・供養、納骨どちらも対応できる場所がなくずっと探しておりました。ようやく供養、納骨ができてよかったです。継承者がいないので安心しました。本人も寂しくなく過ごせると思います。

・私の先祖の方が無縁仏にならぬよう早くに解決でき安心しております。よろしくお願いいたします。

・主人を納骨することができて、心より安心することができました。若くして亡くなったので、お墓の話をする時間も持てませんでした。でも、これから、お参りするところができて、本当にほっとしました。よろしくお願いいたします。

・ずっとさがしていた内容で、私のプランにぴったりでした。心より感謝いたします。安心してこれから生活していけます。

・近くにお骨仏があってよかったです。

・とってもありがたいことだと思っています。ありがとうございます。すくわれます。

・亡くなったあとのことをずっと心配しておりました。ここに申し込むことができてほっとしております。どうぞ宜しくお願いいたします。

・長男が散骨したいと言いますので、自宅に置いておりました。3年も過ぎ、調べると言っていた長男も、いつになったら調べるかと思っておりましたら、今年になって、ようやく調べた画面を送ってきましたので、即連絡させていただきました。お電話に応対していただだいた方もお二人ともやさしく（何度もTelしました）していただき、安堵いたしました。どうぞよろしくお願い申し上げます。

・ホームページを拝見させていただき、こちらの希望が整っていて助かりました。本日はありがとうございました。

・本当にありがとうございます。心も少し楽になりました。娘二人とこれからもしっかりと生きて参ります。時折の墓参に主人と会えるよろこびもあります。海への散骨にしなくて良かったと思っております。

・お寺の雰囲気や対応、住職の考え方に賛同して、明るい雰囲気のお寺さんへ納骨したいと考えておりました。なかなか見つからなかったのですが、やっと故人も落ちつけると思います。安心してお任せすることができました。

・人生の終焉間近に有りて素晴らしい出会いを戴きました。大変嬉しく、感謝でございます。

・今後も、親族に一人（孤独）があります故、お力をお借りすることと思います。

・あくまでも、故人の御骨を大切にする姿勢にとても有難たく感じております。

・多種多様な人間社会に於いてとても有難たい御主旨と感じております。心から、御礼申し上げます。

・TVで拝見し、その後ネットで調べ、仏様として供養してもらえるということに感激しました。祖母は、弟の面倒を見て、長年生活していた方なので、これからも多くの方を見守ってくれると思いました。こんな形で御座居ますが宜しくお願いいたします。

・温かく迎えてくださり、私の気持ちも落ち着きました。本当にありがとうございます。ご住職のお言葉に感動いたしました。ありがとうございました。

・お電話で心よく受けていただきましたので今迄の悩みが和らぎ安心いたしました。

・夫が亡くなった時、葬儀社さんより知り合いのお寺さんはありますか?と言われた時に、おもわずユーチューブで見ていた本寿院の三浦住職さんの名前を出してしまいました。すいませんでした。そしてありがとうございました。このことでお骨仏さんにも出会うことができましたのでありがたいなと感謝しております。尊明住職様に感謝しております。ありがとうございました。そして今後の供養などを申し込みたいと思っておりますので、よろしくお願いいたします。

・ご住職のお考えに心が安らぎました。

・故人を大切に思われるご住職様のお考えに救われました。こちらを知り、とても良かったと感謝しております。

・このお寺があって本当に助かりました。本人もホッとしていると思います。ありがとうございます。感謝いたして居ります。

・このような形で行先が決まり本当に安心いたしました。ありがとうございました。

・これから父、兄、甥などの遺骨をお願いし安心してゆけますこと、心より感謝しております。これから長い間よろしくお願いいたします。

・今回ご縁が有りまして、ご住職様のお世話に相成り感謝と共に安堵いたして居ります。末永く先々共々よろしくお願い申し上げます。

・懇切丁寧なご説明を頂き有難うございました。

・最初の電話での問い合わせ時から親切にしていただき、とても安心して相談できました。素敵な戒名もありがとうございます。これからも、どうぞよろしくお願いいたします。先に納められた方々と仲良く過ごすことができるよう、御供養をお願いいたします。

・自分は無宗教なので、どうしたらいいのか本当にわかりません。ですが、母が生前一生けんめいお骨を拝んでいたので、本寿院様に預かって頂き本当に感謝していきます。自分も死んだら、お骨仏にしようかと考えております（生前申込）。住職様のお言葉と雰囲気がとても良く、こちらも気持ちよく供養することができました。

・職員の方の対応がとても良く、不安なことも多く（訪問するまで）、安心してお願いができました。
・この度ご縁があって、こちらに納骨することになりました。この様な納骨の方法があるとは思いませんでした。本当にありがたく思います。母の供養、よろしくお願い申し上げます。今後は彼岸等の時、子供と一緒にお参りに行きたいと思います。
・この度は私の実家改葬につき、永代の供養をいただける本寿院様におあずかりいただけたこと心より感謝いたしております。
・対応がとてもていねいでしたので、当寺に決めました。自分も含めて家族もお世話いただけるとの話でしたので。
・つちぼとけ様があたたかくてとてもよいと感じます。
・ていねいにわかりやすく説明していただくことで、心が落ち着きました。
・宗派を問わずに受け入れていただいたことに感謝申し上げます。
・亡くなった友人の希望であり、馬込なので、私もお参りできるのでありがたく思います。何卒、宜しくお願いします。
・地元ではお墓を建てない人に対して風あたりが強く、まともに相手をしてくれるところはありませんでした。そんな時、本寿院様のことを知り、こちらなら大切な祖母をお預けできると確信しました。何卒、よろしくお願いいたします。

・電話で受け付けしてくださったスタッフの方によろしくお伝えください。

・納骨ができて気持ちが楽になった気がします。ほんとに助かりました。ありがとうございます。

・息子をよろしくお願いいたします。良いお寺さんにめぐり会って幸せを感じます。

・良いお寺をみつけることができました。よろしくお願いいたします。

・この次は私の死後が心配です。両親とも納めていただきました。よろしくお願いいたします。両親の今後を宜しくお願い申し上げます。またこの様な納骨方法を作って頂き、ありがとうございます。両親の遺骨を路頭に迷わせることがなくなりました。私事で供養もできず、どうするべきかとずっと悩んでいましたが、本寿院様での納骨の考えに救われました。

・送骨でございますが、どうかよろしくお願いいたします。私（妻）の肩の荷がおりて毎日お経を上げて頂けることが幸せです。

・私が生きている限りは、お参りに伺いたいと思っております。どうぞよろしくお願いいたします。

・私が生きている内は、本寿院さんへ小まめに足を運びたいと思っております。またホームページを拝見して、本寿院さんが色々なことの取り組みをされていることに賛同いたします。自身も何かのお役に立てればと思っております。

・私のまわりにも、お墓がない、この先不安という人がいます。その方へ心配しなくても、お墓がなくとも3万円で納骨できるから安心して、写真の住職の顔もとてもやさしそうな人でしたとお伝えしました。

・安心して納骨できる。

■そして、これからのことを心配されている方

・一人娘なので私が亡くなっても困らないかが心配でした。

・お墓の後継者がいないという悩みもございました。長男も勤務地から戻る可能性がないと思われましたし、私も高齢のため大変たすかります。

・自分が亡後になっておお骨をおいておく訳にもいかない。

・お骨をおさめるのに、お墓がないと納骨できない寺ばかりだった。

・お墓をどこに建てようか迷っておりました。建てても娘一人しかいないので、あとのことが心配でしたが、お骨仏があることを知り安心して申込みさせていただきました。

・子供がいないため（独身）、お墓をどうするか悩んでいました。
・子供がいないのでお墓を守っていくことができず、悩んでいました。
・今後管理する人がいない。
・後継者のなくなってしまった家のいろいろの始末はとても大変です。そのような時、本寿院様のことを知り、実家の先祖も安心してお願いできるようになりとても良かったです。ここまでくる間とても悩みましたが、その度に本寿院様のホームページを見て心を落ち着かせてまいりました。本当によかったです。
・死後を託せる親族がいないので、事務的なことは公正証書として残せても安心して納骨できる場所、そこ迄確実に届けてもらえるか etc の不安があり、元気な内に決めておきたかったです。
・永い間墓参りできない。跡を継ぐ者がいない。
・納骨に至るまで、専門家のご協力で無事に済ませることができるだろうか。
・後々の管理等（金銭含み）、次に継ぐ人へ面倒をかけたくない。
・墓を作っても後継ぎがなく、早々に墓じまいになってしまうことの悩みがありました。初めてのことなので、どうしたら良いかよくわからなかった。
・娘をガンで逝くし、夫を22年来の介護で看取り、己れの体、心身共にボロボロに成り、墓じまいせざるを得ず身の処置を思索中でございました。私の短歌の先生がシャアハウスの心頼りに住んでくださり、日常を助けて頂いています。先生もおひとりですので、共に本寿院様にお願いし、ここに安住を得、有難く、感謝でございます。

・当方には子どもができず、跡を継ぐ者がいません。

■経済的な問題から申し込まれた方

・都立霊園が不合格。樹木葬を申し込んだけど。

・オジは生活保護のため、親戚一同より、拒絶され、オジの姉である私の母と最期を看取りました。菩提寺より拒絶され、こちらを頼るほか有りませんでした。

・お墓の世話（子や孫に迷惑をかけたくない）お墓を更地にするのに25万かかりました。

・既に墓じまいをしているため、納骨したくてもお墓がなく、共同墓に入れて欲しかったが、費用も高い上、戒名も必要と言われ、更に費用がかかることを考えるとなかなかそのお寺には納骨できなかった。

・たくさんの病気を抱え入退院を繰り返して旅立ち、お墓さえ用意する費用もなくなり困っておりました。葬儀も直葬しかできず、供養してあげることができず、心苦しく思っておりました。こちらを知り本当に嬉しかったです。

・母の介護でいろいろとお金がかかり、お葬式も火葬式で済ませました。母と二人で暮らしていたので亡くなった後、きちんとできなかったこと申し訳なく思う毎日です。費用が高額で、お寺にある祖母のお墓へ入れられず困っていました。

・戒名、四十九日して頂きありがとうございました。私共生活保護暮らしで悩んでいた所、住職さまに出会いお電話でお話させて頂きました。これから頑張っていこうと思います。ありがとうございました。

お骨仏は、全国各地からお申し込みがあります。お遺骨を運ぶことは大変なことでもあり、ゆうパックで送る送骨を利用することで、遠方からでも申し込みができます。本寿院は東京にあり、いつでも行くことができる。ネットからお参りもできると安心されています。

・遠方なので困っていた。送骨で供養ができるのかと悩みましたが、こちらのホームページを拝見して救われました。

・骨つぼを送骨のため、自宅へ持ち帰るのが大変でした。送付セットを持って行き、お寺の近くの郵便局から送骨すれば良かったと思いました。

・独身の妹だったので、私がいなくなったら誰も関与してくれる人がいなくなるので、お骨をどうしようかと思っていましたが、送骨の話を知り、お世話になりたいと思いました。

・本来であれば、直接申し込むべきところ、送骨で受けて頂きありがとうございます。よろしくお願いいたします。まだご住職様にお目にかかっていないので、宜しくお願いいたしますとだけしか申し上げられずでございます。

■兄弟の遺骨をどうすればいいか？

・兄である私の手で納骨させていただけることになり、悩みがひとつ減りました。ありがとうございました。

・お蔭様をもちまして、弟の供養ができます。ありがとうございました。

●お骨仏にお決めになった理由は何ですか。

お骨仏を利用することを決めた理由（複数回答）本寿院のアンケート調査より

	回答数	有効回答数（N）	割合（%）
住職の考えに賛同	47	220	21.4%
仏様として供養してもらえる	56	167	33.5%
費用が安い（経済的理由）	93	233	39.9%
お墓が無い	55	167	32.9%
お墓の後継者がいない（お墓を作っても継承者がいない）	82	233	35.2%
永代供養が出来る（永代供養の安心）	83	233	35.6%
お墓が遠方のため改葬（墓じまい）	13	233	5.6%
立地	20	213	9.4%
お骨をずっと自宅に置いていた	38	167	22.8%
送骨で申し込める	31	167	18.6%
その他	12	167	7.2%

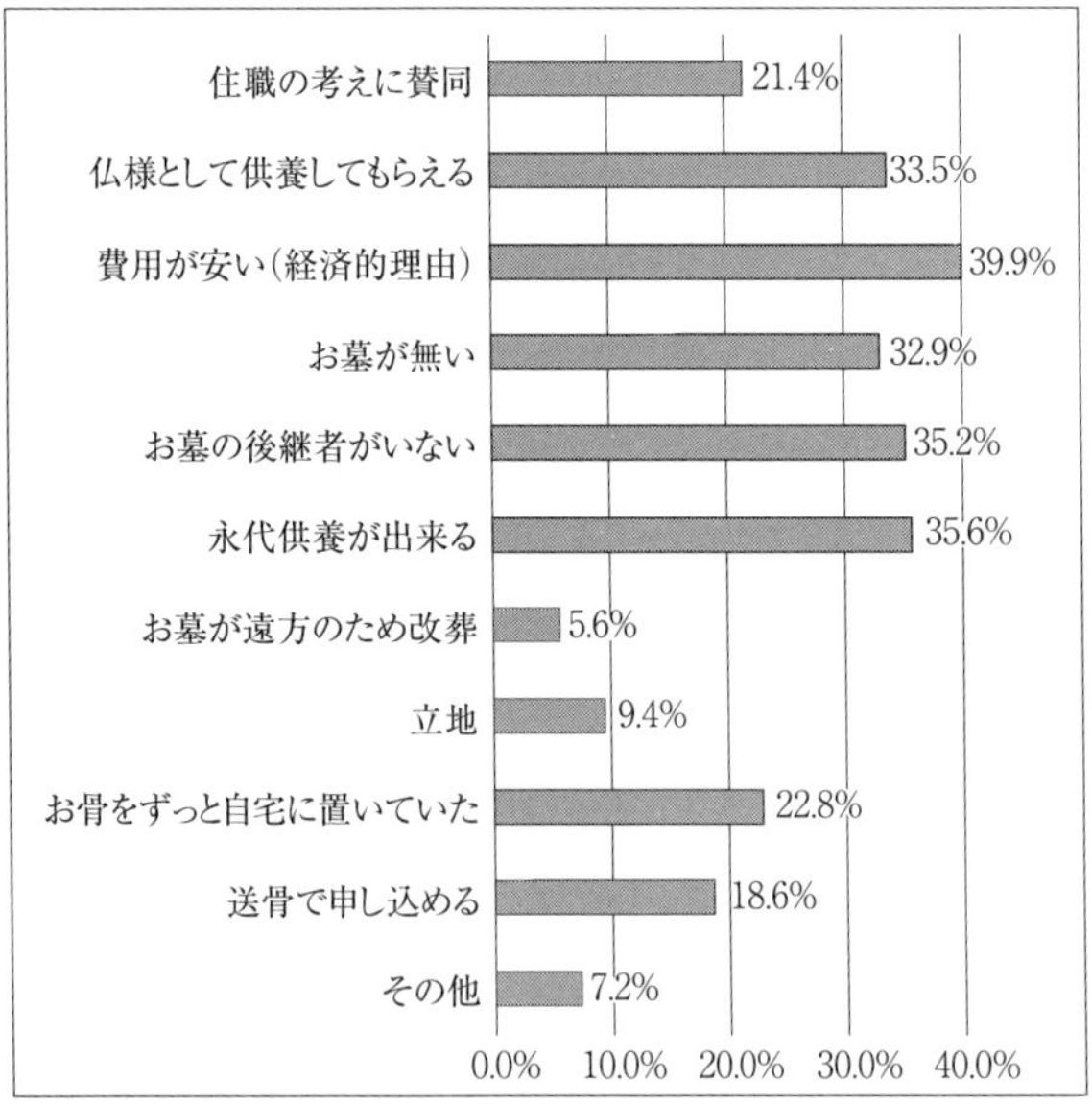

自分の戒名を自分で付けてみる

戒名は付けなくてはいけないのですか？

本寿院に、また私のところへは次のような相談が多く寄せられます。

「戒名は必要なものですか？　無くてもいいでしょうか？」

これらのご相談には、戒名料のことや、さまざまな疑問や悩みを抱えてのものなのですが、それらに丁寧にお応えしながら、やはり「戒名は必要です」という結論をお伝えしております。

何故、戒名は必要なのか。

戒名とは、仏様に連なることの証になるものだからです。名前を授かるのではなく、仏教徒として戒律を授かるものであります。

反対にお聞きいたします。なぜ？戒名は不要とお考えでしょうか？

そうすると、「だって費用がかかるじゃない？」とか「知らないお坊さんにつけてもらいたくない。私の方が故人のことはよく知っている」とかの声が聞こえてきます。

ここで、戒名とは何か？それを理解していただければ、そのような疑問を持つこともなくなるのです。一つ一つ考えて参りましょう。

日本における戒名の歴史は、鑑真和尚から始まります。

日本に仏教が伝来したのち、戒律を授かることがありませんでした。その戒律を授けるために、中国から招請をしたのが鑑真和尚様です。そして、一番最初に戒名を授かったのが、聖武天皇だとされています。

後々の「武田信玄」や「上杉謙信」というのも戒名ですが、どれも「死後の名前」ではございません。

どの方も、生きている間に、戒律を授かり、仏教徒となり戒名を授かっているのです。その後、江戸時代キリシタン弾圧などキリスト教を排除し、日本国民を仏教徒にさせるために檀家制度が構築されていき、住んでいる近くのお寺にそれぞれが登録せざるを得なくなりました。

ですから、その頃から、お寺が出生・結婚・死亡など、役所のように人々を管理するようになったのです。

信仰からではなく、強制的に近くのお寺に登録され、檀家の一員となり、お寺を支えていくようになりました。このことが、我が家の「宗派」という世界にも珍しい、個人の信仰ではなく、家の宗教の始まりと言えるでしょう。

ただ、その宗派も時の為政者や殿様によって変わってきた歴史がございます。例えば、伊豆の修善寺も元は真言宗でしたが、現在では曹洞宗となっております。

このように、宗派を変更しているお寺も非常に多くございます。

さて、戒律とは、仏教とは何でしょうか？

西遊記で有名な玄奘三蔵ですが、三蔵と言われる方は多くありました。三蔵とは、仏教の教えである、経・律・論と言われ、お釈迦さまの教えである「経」、そして、お釈迦さまの教えを守り清らかな生き方をする「律」、その後、お釈迦さまのお弟子様たちが説いた「論」の三つを言います。

律とは、守るべき生活のことであり、現在日本の大乗仏教では、五戒と言われ、「殺すな、盗むな、嘘つくな、淫らな異性関係を持つな、お酒を飲むな」という、人として当然の決まり事を守ることを誓い、仏教徒としての仲間入りをするものです。

こうして、生前に戒律を授かり、戒名をいただくのが本来のあり方ですが、いつしか、亡くなってからの名前とされるようになりました。

戒名とは、死後に必要なものではなく、生きている私たちが、仏教徒として戒律を守り、歩んでいくために必要なものであります。

戒名を自分で付けてよいですか？

戒名を自分で付けてよいのですか？とよく問われます。そんな時、私は付ける云々を言う前に、ご自身で戒名を考えてみてはいかがですかとお答えします。自分なりの戒名をです。

理由は後に触れますが、戒名は付けるものではなく、授かるものだからです。まずは自分の戒名を、自分ならこうしたいと、自分で考えてみましょう。

この場合は、一度自分の歩んできた道を振り返り、そこから自分にふさわしいと思われる文字を考え、選ぶことが必要です。

戒名を考える場合は、お経からその文字を持ってくることがあります。しかし自分の戒名ですから、まずは自分の好きな、気に入った文字を選び並べてみましょう。自分の好きな文字や言葉は何でしょう。いくつも挙がるでしょうか。この選んだ文字は、いま現在の人生において、自分自身を見直すことにおのずとつながります。

自分はこの与えられた命を一生懸命、真剣に生きているだろうか？と、さらにつながっていくことでしょう。

この機会に自問自答してみてはいかがでしょう。

ここに自らの戒名を自分で考える、積極的な意義があるのです。

そしてお勧めしたいことは、ちょっと良い戒名を考え付けてみることです。人により、自分自身は普通の人間だから、普通の戒名でかまわないと言う方もおりますが、さてさて亡くなってからの戒名では、人生の修正はかないません。

しかも、生前に自分の戒名を考えると、今度はそれにふさわしい生き方をしようと、おのずと迫りくるものがあり、そして人生が変わっていく手がかり、足がかりを見つけることにもなります。

生前戒名を自ら考えることを契機に、自らを見つめ直し、生き直してみることとなるのです。

このことは、亡くなられたご家族、故人に戒名を付ける場合にも当てはまります。故人を偲んで、その徳をあげて考えてみることが肝要です。

戒名を授かるためにも、自ら自分の戒名を考えてみるのは誠に大切なことです。

戒名の付け方

戒名の基本パターンは次のようになります。

○○院殿△△□□大居士（女性は清大姉）
○○院殿△△□□居士（女性は大姉）
○○院　△△□□居士（女性は大姉）
○○院　△譽□□居士（女性は大姉・浄土宗）
○○院　△日□居士（女性は大姉・日蓮宗）
○○院　△△□□信士（女性は信女）
○○院　釋□□（浄土真宗）
○○斎　△△□□居士（女性は大姉）
○○軒　△△□□居士（女性は大姉）
△△□□居士（女性は大姉）
△△□□禅定門（女性は禅定尼）

△△□□信士　　　　（女性は信女）

釋□□　　　　　（浄土真宗）

○○は院号、△△は道号、□□が戒名です。居士・大姉・禅定門・禅定尼・信士・信女は位号です。

子供の場合は□□童子・□□童女、５歳ぐらいまでは□□孩子（孩女）、３歳ぐらいまでは□□嬰児（嬰女）、流産・死産・中絶の場合、□□水子となります。

さて、戒名を付けるとなると、どのように考えていけばよいでしょうか。

詳しくは「戒名を自分で付けてもいいですか？」をご参照いただきたいのですが、例えば、会ったこともないご先祖様ではありますがその位牌があれば、その戒名を見ていくと、面白いことが分かってきます。なんだか不思議なくらい、その方のことが分かってくることがあります。

愛妻家であったとか、真面目な人であったとか、仕事で大成したとか、明るい人であったとか、何と酒の好きな人であった、とかが。

戒名には、その人のお人柄や、歩んできた生き方が色濃く表現されている場合が多いからです。

ですから、まずは、先祖の戒名を探してみてください。そして、先祖の戒名を見ながら、どのように歩んでこられたのか？　想像してみてください。

同じお墓に入るのであれば、先祖と同じような戒名が相応しいと存じます。

先祖よりいい戒名になったとか？　格落ちしたとか？　こんな風に俗的な考え方をされる方も多くございますが、ただお墓が別であれば、それほど気にされることはないでしょう。

まずは戒名を考えます。戒名は、2文字です。

通常、この戒名には、俗名の1字を使います。英樹さんであれば、「英」「樹」のいずれかを用いて、師匠の一字をいただく場合があります。

例えば、日蓮宗の方であれば、日蓮さんの「日」を頂戴しますので「日英」もしくは、「日樹」となります。（日蓮宗の方は、みんなが日を用いるわけでなく、「日号」と言って特別に授かる戒名とされています）

私の場合であれば、五十五代目の祖父は、「道海」、五十六代目の父であり師匠は「道明」、私は「尊明」です。父の「明」をいただきました。

このように空海さんが好きならば「空〇」、法然さんが好きであれば「法〇」、寂聴さんが好きなら「寂○」としてもよいでしょう。尊敬する方や偉人、好きな芸能人、またご自分の一番好きな文字や、生き方を表す文字でも構いません。俗名を使わなければならないのではありませんので、ご自分の志を戒名にしても素晴らしいと存じます。「空海」さんや「日蓮」さんなど。

この二文字が「戒名」となります。これは、全ての宗派に共通して2文字です。

つぎには位号です。位号は、その方の年齢や役職が関係してきます。

居士というのは、元々隠居して居を構えた方を指します。ですから若者ではなく、60歳以上ぐらいが相応しいと思います。子供には、前述したように童子・孩子・嬰児・水子など年齢によって細かく分けられています。

つぎには道号です。道号には、その方のお人柄が色濃くあらわれます。

有名なところでは、「一休宗純」、とんちで有名な一休さんです。一休というのは、道号で、宗純というのが戒名です。

道号に使われる文字は、この世に存在する実際の風物を用いることも多くあります。

空が好きな人は「空」、海が好きであれば「海」、同様に「岳」「楽」「雲」「光」「風」「香」「然」「泰」「華」「蓮」「室」「徳」なども多く使われているようです。

家族で戒名を付け合ったという方がありました。お父さんは、自分が明るくリーダーシップをとっていると思っていたので、「明」「光」が入ると思っていたそうです。しかし、子供たちは、お父さんのことを根暗な存在だと思っていて、「海」や「峰」とつけてガックリきたという話がありました。他人から見られている自分が、思っている自分とは全く違っているというよくあるケースです。

ですから、戒名を考える上で、夫婦で付け合ってみてはいかがでしょうか？　と私は提案しています。奥様が、ご主人の戒名を考え、ご主人が奥様の戒名を考えてみるのです。相手の戒名を考えるといい面を見ようと思います。だらしない亭主だけれど、家族のために一生懸命働いてきてくれた。昔、ネックレスを買ってくれた。考えると優しい主人だなあ、などなど改めて相手のいい面を考えることになります。お勧めの方法ですから、一度実践してみてください。

最後に院号です。院号は、お寺を建立したことに始まります。天皇陛下がお住まいになったそのお寺を意味します。嵯峨天皇であれば「嵯峨院」。それほど仏教に厚く信仰し、お寺を建てるほどお布施をされておられたということです。足利尊氏は、等持院というお寺を建てていますが、天皇陛下より下がってという意味合いで等持院殿としたと言われています。今では、数の多い方が立派だと思われていますが、実は違うのですね。

戒名を授かるということは、仏弟子（在家僧侶）になるということであり、あなたがもしお寺を建立し、住職となるのであれば何というお寺にするか？　考えてみてください。

お寺はさまざまな悩みや喜びを抱えた方が来られます。社会のために、人のためになるお寺を考え、そして「心に寺を建てよう」と戒名を授かるとともに、心に寺を建てると同じように社会のために、人のためにご精進いただくことをお願い申し上げます。「平等院」「福祉院」「観音院」「不動院」「太陽院」「慈恵院」「光明院」などなど。

戒名にふさわしい文字

戒名はただ文字を並べたものではありません。

僧侶は自らが信仰する経典を読み解いて、その経典からふさわしい意味あいと文字を選ぶ場合があります。

ここに、経典から考える場合にふさわしい文字を列記してみましょう。

あまり公表したくないことですが、参考までに私のアンチョコを特別に紹介します。

■経典から

【観音経】

「愛敬」「慧観」「慈観」「慈心」「大雲」「妙音」「弘誓」「慈雲」「如海」

【法華経】

「安明」「威徳」「観樹」「願海」「久遠」「浄心」「智月」「天月」「白蓮」

【寿量品】

「願見」「久修」「実成」「寿量」「宝樹」「明見」「安穏」「一心」「常在」

【神力品】

「月明」「真浄」「如雲」「月光」「上行」「多宝」「如実」「如風」「遍照」

【阿弥陀経】

「香光」「華徳」「広長」「天楽」「念法」「法相」「梵音」「一処」「光明」

【無量寿経】

「正覚」「正観」「正願」「勝道」「聖法」「聖明」「信慧」「法城」「妙華」

【金剛経】

「清浄」「成忍」「信解」「善根」「善法」「福徳」「福智」「一相」「慧眼」

【遺教経】

「寂然」「寂静」「自活」「勤心」「合和」「仰観」「見道」「甘露」「安楽」

■職業に見る戒名の文字

職業から戒名を考える場合、参考となる文字を列記しましょう。

【農業】

「久遠」「黄雲」「心田」「良田」「青空」「海田」「美苑」「秋成」「信楽」「功成」

【林業】

「清岳」「涼樹」「深徳」「宝樹」「華山」「永照」「雲光」「空林」「一葉」「一路」

【漁業】

「大海」「天雲」「海潮」「桂舟」「海舟」「円光」「願海」「光風」「宝船」「浄光」

【技術者】

「精山」「宝雲」「精雲」「修練」「大匠」「技峰」「明輝」「清機」「一心」「円山」

【電気・コンピューター】

「明光」「妙光」「明海」「大光」「光明」「慈光」「光信」「明雲」「照空」「道心」

【衣料】
「香雲」「天衣」「紅紗」「清雅」「浄潔」「華雲」「浄泉」「清心」「清美」「浄照」
【経営者】
「清風」「智海」「栄雲」「恵山」「功雲」「清隆」「大徳」「興岳」「明岳」「智岳」
【会社員】
「誠山」「誠岳」「誠雲」「徳一」「正道」「珠光」「和雲」「良雲」「善海」「行空」
【料理】
「味海」「精岳」「喜山」「香山」「香室」「尚海」「栄徳」「天海」「清和」「春芳」
【公職・教育者】
「英雲」「慈雲」「教徳」「和敬」「善学」「博山」「探山」「文林」「雅山」「明道」
【医療】
「医徳」「方安」「慈恵」「白雲」「仁海」「玉泉」「真仙」「慈法」「薬田」「天山」
【福祉・ボランティア】
「博雲」「慈雲」「一心」「清心」「弘雲」「慈愛」「安仁」「悲田」「慈峰」「円明」
【警察・防衛】
「永安」「護国」「保安」「善雲」「正海」「常山」「義海」「義雲」「道心」「仁勇」

【政治家】
「政徳」「靖岳」「恵和」「華国」「和海」「安雲」「徳雲」「明徳」「圓覚」「大道」
【文筆・文学】
「文泉」「智海」「文華」「清響」「松風」「永興」「清文」「文海」「栄明」「流光」
【音楽】
「慈音」「法響」「雅雲」「楽天」「円楽」「妙空」「天海」「法雲」「光華」「月明」

■お人柄・性格に見る戒名の文字

お人柄から戒名を考えると、次のような感じになります。

【まじめな人】
「誠心」「一心」「専山」「道山」「一月」「浄心」「明海」「行徳」「真雲」「慈心」「善海」
「光正」「真正」「方山」「妙高」「空心」「石雲」「永信」「一道」「孝道」「光順」「温養」
【快活・さわやかな人】
「快雲」「円応」「安山」「空青」「明岳」「大海」「寛山」「徳雲」「光雲」「天明」「明和」
「光永」「光円」「玉照」「明雲」「心智」「円聴」「賢空」「道明」「正雲」「正海」「良順」
【剛健・豪放な人】

「精雲」「勇心」「常海」「志雲」「俊剛」「俊岳」「大岳」「志峰」「風海」「高翔」「仁山」「泰山」「明徳」「清遠」「玉泉」「和雲」「光善」「真宝」「天光」「円満」「明義」「栄達」

道号によく使われる文字は、実字といい、この世に存在する実際の風物を用いることが多くあります。

「庵」「雲」「英」「園」「翁」「華」「岩」「空」「軒」「江」「山」「川」「泉」「船」「松」「天」「灯」「堂」「梅」「室」「潮」「陽」「林」「蓮」「海」「月」「国」「水」「宝」「陵」「珠」

■戒名によく使われる文字

「安」「雲」「栄」「円」「英」「縁」「応」「遠」「温」「音」「愛」「永」「華」「香」「佳」「観」「願」「嘉」「寛」「歓」「海」「岳」「学」「輝」「亀」「休」「京」「経」「恭」「教」「勤」「樹」「空」「薫」「勲」「賢」「研」「堅」「兼」「健」「見」「源」「元」「言」「厳」「幻」「慶」「光」「功」「寛」「恒」「高」「興」「公」「剛」「幸」「護」「山」「慈」「珠」「宗」「周」「秋」「修」「春」「淳」「純」「昌」「正」「昭」「松」「祥」「章」「常」「成」「乗」「心」「真」「深」「照」「浄」「寿」「潤」「政」「聖」「雪」「青」「清」「精」「誠」「盛」「仙」「宣」「泉」「禅」「善」「相」「聡」「存」「尊」「操」「正」「泰」「卓」「智」

「徹」「鉄」「哲」「道」「徳」「端」「探」「知」「沖」「忠」「長」「澄」「貞」「天」「田」
「伝」「東」「登」「敦」「南」「如」「能」「念」「忍」「白」「富」「法」「宝」「梅」「繁」
「文」「聞」「芳」「豊」「妙」「明」「門」「由」「雄」「融」「悠」「勇」「優」「誉」「陽」
「養」「流」「隆」「龍」「良」「涼」「林」「蓮」「輪」「和」「亮」

戒名はお寺から授かるもの

戒名を付けるということよりも、まずは戒名をご自身で考えてみようとお話ししてきました。戒名は付けるものではなく、授かるものであるからです。

自ら考えた戒名をお寺さんとよく相談して、これでよしとなれば戒名が完成です。

その戒名をお寺さんから授かり、その戒名は仏教徒として永遠の名前となるのです。つまりは仏弟子になることで、救われることを意味することになるのです。

こうしてお寺さん、また僧侶により開眼（魂入れ）がなされるのです。

繰り返しになりますが、生前に自分自身で戒名を考え、相談の上でお寺さんより、その戒名を授かることで、それ以降の人生が見違えるほど生き生きと感じられるようになったという経験を、私はたくさん伺っております。

戒名を授かることは、決しておかしなことでも、死を待っていることでもありません。むしろその正反対で、かえって延命長寿につながっていくのです。

有名人の戒名について

さて次に、有名人の方の、戒名についてみて参りましょう。

安倍晋三衆議院議員（当選１０回　在職２９年）内閣総理大臣、自由民主党総裁、内閣官房長官、党幹事長等、享年：６７歳。

死去日：令和４年７月８日（金）

紫雲院殿 政譽 清浄 晋寿 大居士

（しうんいんでん せいよ しょうじょう しんじゅ だいこじ）

この戒名は、本寿院でお授けしたものではもちろんございませんが、戒名に関して勝手に解説させていただきます。位階は従一位、勲等は大勲位。内閣総理大臣、内閣官房長官、内閣官房副長官、衆議院議員、自由民主党総裁、自由民主党幹事長、自由民主党幹事長代理、清和政策研究会会長を歴任。

出生地：東京都新宿区

生年月日：1954年9月21日
政党：自由民主党
両親：安倍晋太郎、安倍洋子
宗派は浄土宗
葬儀は、浄土宗の大本山「増上寺」にて執り行われました。山口の安倍家は、浄土宗であるとのことを聞いておりますので、「浄土宗」として葬儀を行われたことと存じます。また、戒名を拝見すると「政譽」と誉号がございますので、浄土宗の特徴として「誉」を授かります。
浄土宗では、教えを伝える法会「五重相伝」を受けた人にのみ与えられる「誉号」が加わる。浄土宗の第五祖である「定慧上人」が仏蓮社良譽と称したのに始ると言われています。
現在では、僧侶以外の在家の男女に対しても誉号は授与され、五重相伝を授けられた者が称することのできる栄誉の称となり、念仏者には最もすぐれた人であるという意味になります。（誉は、浄土宗の特徴ですが、浄土宗のみではありません）念仏信者であることをあらわす、譽という字と、政治家として、日本のために邁進してこられたことから「政譽」とされたのではないかと推測します。

安倍家のある山口県は、浄土宗信仰の厚い地域で有名です。戒名を分解して見てみましょう。

まず戒名は「晋寿」。晋三元総理の俗名から、1文字が使われています。

次に院号「紫雲院殿」。紫雲とは、法然上人が夕方西の空に紫の雲を見つけ、浄土宗を広める決意をされたものだそうです。

院号は天皇陛下がお寺を建てたという意味ですが、先にお話ししましたように足利尊氏が天皇陛下より一歩下がってという意味で「等持院殿」としたことに始まります。

足利尊氏　等持院殿仁山妙義大居士
伊達政宗　瑞巌寺殿貞山禅利大居士（瑞巌寺というお寺は有名です）
織田信長　総見院殿贈大相国一品泰巌大居士（大徳寺総見院が菩提寺）

次に、道号「清浄」。ここで、読み方に注意が必要です。通常であれば、「せいじょう」と呼んでしまいますが、仏教的には「しょうじょう」となります。また、「せいじょう」と呼んでしまうと、「政誉」せいよと同じ「せい」がかぶってしまいます。戒名は、同じ読み方をしないという原則がありますので、せいよではなく「しょうじょう」となります。

最後に位号「大居士」。日本のために、尽くされてきた総理にふさわしい大居士号を授かっておられます。

戒名を見ただけで、その方の生き様や、お人柄が見えてくるものです。素晴らしい戒名であると思います。

岸信介元総理の戒名とお墓

秀鳳院殿 信誉 蘭芳 箕山 大居士
（しゅうほういんでん しんよ らんほう きざん だいこじ）
箕山が戒名であり、箕とは、お米をふるい分けるミのことです。その箕の山に蘭が香り、そこに優れた鳳の鳥が飛んでくるのは、信仰の力によるものであるという意味だそうです（参考／現在戒名総覧：大洋出版社）。
岸信介元総理のお墓は、山口県田布施町「長安寺」と静岡県御殿場市の「冨士霊園」の二か所にあるそうです。山口の菩提寺に納骨し、分骨を冨士霊園にお納めされたのでしょう。

佐藤栄作元総理の戒名とお墓

周山院殿 作徳 繁栄 大居士

（しゅうざんいんでん さくとく はんえい だいこじ）

繁栄が戒名。周山は雅号。周とは広くいきわたる、こまやか、誠、恵、救済の意味があります。また、山は山口県の山でもあるでしょうから、故郷の山をめぐると考えることもできます。

この戒名には、恩師・吉田茂元総理の法号に用いられている徳の字が同じように使われています。

お墓は、山口県田布施町と杉並区・築地本願寺別院の二か所に分骨されています。上記の戒名は、山口県の菩提寺より授かった戒名ですが、築地本願寺でも法名を頂いています。

法名：作願院 釋 和栄（さくがんいん しゃく わえい）

法名は、西本願寺・大谷光照門主から授けられたものです。

院号の作願は、阿弥陀浄土に生まれるための五念門（礼拝・讃嘆・作願・観察・廻向）の一つからお借りしたもので、浄土に生まれ変わりたいと真摯に願うことです。作の字は本名の栄作の作でもあります。法名は和栄、ここにも本名の一字を生かしています。

ところで、え？　戒名が二つもあるの？　二つもあって迷いませんか？　戒名が二つ以上あるケースは、まれにございます。

吉田茂元総理の戒名

叡光院殿 徹誉 明徳 素匯 大居士

（えいこういんでん てつよ みょうとく そが だいこじ）

徹（つらぬけ）る誉は、明らかな徳、深い叡智の光。

勝手に戒名を解説させていただきました。もちろん安倍元総理等の戒名は、私が授けたものではありませんので、違った解釈かもしれません。ご承知ください。

渋沢栄一の戒名略歴

泰徳院殿 仁智義譲 青淵 大居士

（だいとくいんでん じんちぎじょう せいえん だいこじ）

1840年3月16日（天保11年2月12日）～1931年（昭和6年11月11日）。日本の豪農出身の、武士、官僚、実業家、慈善家。位階勲等爵位は正二位勲一等子爵。雅号は青淵（せいえん）。渋沢栄一は徳川家の菩提寺である東叡山寛永寺の檀家総代を1907年から務めました。また1924年からは徳川家と縁の深い金竜山浅草寺の信徒総代となったそうです。

まずは、戒名は「青淵（せいえん）」。青淵は、生前からペンネームのようなもので、家にあった淵を由縁にしているようです。子供のころからのペンネームがそのまま戒名に使われています。

次に道号「仁智義譲（じんちぎじょう）」。「仁」とは、隣人の愛や同情心の心です。人の痛みがわかるということです。仁の徳がわかり、その徳を知る智があるとされています。平たく言えば「思いやりがあって知恵があり賢い方」であるとみることができます。また、譲とは「私利を追わず公益を図る」との考えを生涯貫き通し、後継者の敬三にもこれを固く戒めたとの逸話が残っていることから、社会のために尽くされた方であると見てとれるでしょう。「仁義を重んじ、知恵をもって、社会のために尽くしてこられた」ということでしょう。

そして院号が「泰徳院殿」。位号が「大居士」。まさに最上級の院殿大居士です。これ以上の戒名はございません。

徳川家康　安国院殿徳蓮社崇誉道和大居士
豊臣秀吉　国泰祐松院殿霊山俊龍大居士
西郷隆盛　南州寺殿威徳隆盛大居士
山本五十六　大義院殿誠忠長陵大居士
田中角栄　政覚院殿越山徳栄大居士

昔の方は、実際にお寺を建立されています。渋沢栄一さんが、お寺を建立したというのはわかりませんでしたが、寛永寺や浅草寺の総代をされておられ、寺院建立以上に寄付をされていたのではないかと推測します。

「泰」とは、両手ですくえば、自らこぼれ落ちてなくなることから、なめらかを意味し、転じて安らかな境地を言います。大きく、落ち着いている。ゆとりがある。やすらかという意味があります。日本を統一した豊臣秀吉にも泰が使われていますが、国や社会を安らかにされたとも見て取れるのではないでしょうか。

次に「徳」とは、精神の修養によってその身に得たすぐれた品性をあらわします。ですから、人の上に立つ方、経営者や教師といった、人を導く方に使われます。お経にもよく「徳」が使われています。例えば、華厳経には、徳は善根、功徳、徳行、美徳などを意味をし、仏性の働きが徳を行うとされています。善財童子が参じた53人の善智識の一人として徳雲比丘の名があります。

また、回向文の中に「功徳大宝海」とされ、仏の功徳の深さが説かれています。加えて、徳川将軍には、多くの方に「徳」が使われています。

こういったことが関係するのか?わかりません。また、この戒名は私が授与したわけではありませんので、あくまで、想像して書いておりますのでご承知ください。

院殿大居士で戒名を求められたら……

当院では、戒名は平等の3万円としております。ですが、戒名の位が高ければ高いほどいいというものではありません。

一般の方が、徳川家康や豊臣秀吉クラスと同等の戒名を授かることは、素晴らしいとか、かっこいいというより、馬鹿じゃない?というようにおかしな戒名になってしまいます。社会のためにそれなりに尽くした方でないと、子孫が恥ずかしくなってしまいます。

ですから、当院では多くの場合、亡くなって院殿居士を希望された場合は、お断りするか、社会貢献の証を見せていただいております。

ただ、生前戒名を授かる方に、最上級でという希望がありました。

にっこり笑いながら喜んでお授けしました。良い戒名をもらって、良かったと思うか？　その戒名にふさわしい生き方をしなければいけないと思うか？

さてさて、これからの生き方が問われてきますね。

院殿居士の意味は、文字数や戒名料という問題を超えた、社会的責任があると考えます。

渡哲也さんは、生前戒名を授かっておられました。

渡さんは出身地の兵庫県淡路市の高雄山観音寺から、2000年2月29日に法名「萬修院 泰然 自道 居士」（まんしゅういん たいぜん じどう こじ）を授かられました。

高雄山観音寺には元々渡瀬家（渡さんの本名）の墓がありました。

渡さんは10年ほど前に都内に菩提（ぼだい）寺を移されましたが、お墓参りや法要の際などにこの寺に通っておられました。法名は前住職（2020年3月遷化）がお授けになったそうです。

法名については「何ごとにも動じず、広い心で相手に接し、誰からも愛され頼られる。俳優としていろいろな役をこなして自分の道を進んだ、という意味ではないかと」（現住職談）。

戒名とは、本来生前に授かるべきものです。しかしながら今では、亡くなってから授かるのが一般的になりました。

私が授けたわけではありませんが、戒名について少しだけ解説（独り言）します。

渡さんの戒名「自道」。

まず、戒名は「自道（じどう）」です。戒名は、宗派に関係なく、すべてこの2文字です。本名の「道彦」から「道」の字が記されているそうです。

かっこいい戒名ですね。自分の道を歩みたいと思っても、なかなかできません。まさに、自分の道を歩んでこられた方であることとは、ご承知の通りです。何ごとにも動じないという意味でしょう。

位号は「居士」。

次に、「泰然」たいぜんというのが道号です。たいねんとも読めます。泰とは、「ゆたか」とか「大きい」とか「やすらか」「ゆとり」という意味があります。安泰とかに使われますね。然とは「そのまま」という意味があります。

この道号にはその方の人柄が表現される場合が多くあります。まさに、広い心でそのまま自然な感じで相手に接してこられた。泰然とは、落ち着いていて物事に驚かないさまでもあります。

最後に院号「萬修院」。院号とは、その方の生き様ややってきたことがあらわされる場合があります。萬とは、「よろず」とか「たくさんの」とか「みちる」という意味ですね。

まさに役者として様々な役をこなし、修めてこられました。

志村けんさんの戒名について

「瑞心院 喜山 健徳 居士」（ずいしんいん きざん けんとく こじ）

志村けんさん。俗名：志村康徳。1950年2月20日生。2020年3月29日寂。

これもまた当院から授けた戒名ではありませんが、戒名の構成と意味合いについて想像しながら推測してみます。

まず、戒名は「健徳」。志村けんさんのデビュー当時は、「志村健」、その後ひらがなで「けん」に変更されています。

お名前が、ひらがなの場合は、それを漢字におきかえます。「見・賢・献・建・憲」など考えられますが、デビューの芸名である「健」を使われたと考えます。そして、俗名の「康徳」さんの一字を使ったと考えます。

ちなみに、いかりや長介さんの戒名は「瑞雲院 法道 日長 居士」。俗名「長一」さんの「長」と、日蓮さんの「日」が戒名となっています。

次に、位号は「居士」。次に、道号は「喜山」。まさに道号にその方の生き方があらわれています。

喜劇王として、たくさんの笑い（喜び）を築いてこられました。皆さんの心に灯した楽しみは、大きな山のようであると考えます。

何だか、戒名を見ているだけで皆さんの大きな笑いが聞こえてくるように感じるのは私だけでしょうか？

林家三平さんの法名　志道院釋誠泰
藤山寛美さんの戒名　慈生院法明悦寛治徳善士
植木等さんの法名　宝楽院釋等照
榎本健一さんの戒名　天真院殿喜王如春大居士

最後に院号は「瑞心院」。瑞心院の瑞心とは、美しく清らな心を意味します。テレビで拝見していても、動物や子供たちをこよなく愛され、シャイで涙もろい、まさに純粋な方であっただろうと推測します。

樹木希林さんの戒名
本名・内田啓子。平成30年9月15日寂。享年75歳。女優。
「希鏡 啓心 大姉」（ききょう けいしん だいし）
「希」は希林さんの芸名と、不世出の個性派女優として「まれ」な存在であったことから。「鏡」は、希林さんが生前、「役者は人の心を映すかがみ」と口ぐせのように話していたことから、「啓」は本名から、それぞれ取ったそうです。

内田裕也さんはどうでしょう。

「和響 天裕 居士」（わきょう てんゆう こじ）

天上でも音楽を奏で続け、平和を願うという意味が込められているようです。四十九日の後に二人が眠ることになる内田家の菩提寺、東京・南麻布の光林寺住職からもらったもので、「和」と「響」は本木夫妻が希望。

希林さんの戒名には、世を映し出すという意味合いで「鏡」が用いられ、裕也さんには世に響かせるという意味で「響」が付けられました。どちらも、「キョウ」と文字ではなく読み仮名で夫婦合わせられています。

西城秀樹さんの戒名（法名）

「修音院 釋 秀樹」（しゅうおんいん しゃく ひでき）

「修」は父親の名前から1文字取り、「音」は音楽界に貢献した偉大な功績をあらわし、法名に用いるのにも相応しいことから、芸名として長く親しまれ、戒名にも「秀樹」を読み方をそのままに使用したそうです。

その他 有名人の戒名を紹介しておきます。戒名を見るとその人となりが見えてきますから不思議なものです。

石原慎太郎「海陽院 文政 慎栄 居士」（かいよういん ぶんせい しんえい こじ）

芥川賞を受賞した「太陽の季節」を思わせる「陽」、生涯をささげた文学の「文」と政治の「政」、そして名前から「慎」の字が入れられました。

石原裕次郎　陽光院天真寛裕大居士
青島幸男　廉正院端風聚幸大居士
坂本九　天真院九心玄聲居士
花菱アチャコ　阿茶好院花徳朗法大居士
古尾谷雅人　天鴻院漲演日雅居士
美空ひばり　慈唱院美空日和清大姉
岡田有希子　侑楽院釋尼佳朋
夏目雅子　芳蓮院妙優日雅大
萬屋錦之助　寶樹院殿萬譽錦童大居士
芥川龍之介　懿文院龍之介日崇居士

石ノ森章太郎　石森院漫徳章現居士
黒澤明　映明院殿紘國慈愛大居士
手塚治虫　伯藝院殿覚圓蟲聖大居士
松本清張　清閑院釈文帳
三島由紀夫　彰武院文艦公威居士
大佛次郎　大佛次郎居士
夏目漱石　文献院古道漱石居士
成田きん　錦室妙良信女
蟹江ぎん　徳峰浄銀大姉
ジャイアント馬場　顕峰院法正日剛大居士
力道山　大光院力道日源居士
浅野内匠頭長矩　冷光院殿前少府朝散大夫吹毛玄利大居士
石川五右衛門　融仙院良岳寿感禅定門
近藤勇　貫天院殿純義誠忠大居士
清水次郎長　碩量軒雄山義海居士
平賀源内　智見霊雄

福沢諭吉　大観院独立自尊居士
宮本武蔵　新免武蔵居士
山本五十六　大義院殿誠忠長陵大居士

戒名は永遠の法名です

戒名を軽く考える方が多いことから、戒名の持つ意味合いや重要性を見てきました。戒名はこうして、墓石に刻まれ、いつまでもそれが伝わっていく。まさに「永遠の法名」です。その戒名を見れば、何となくその方のことが表現されていて、どのように生きてこられたのか、社会にどのようにかかわってこられたのか、それらが見えてきます。「院号　道号　戒名　位号」と分割して考えることで、その方の人となりが伝わってきます。会ったこともない祖父や先祖の戒名を見て、このように想像してみることは、とてもその方を身近に感じ、思いをはせることになるでしょう。

ここに紹介した戒名は、当院、私がお授けしたものではありません。私の勝手な解釈でありますが、このように戒名にはそれこそ深い思いや願いや希望がこめられているのです。

戒名Q&A

youtube
三休の戒名チャンネル

Q：戒名は必要でしょうか？

住職：なぜ、戒名がいらないとお考えでしょうか？

あの世なんて信じない、宗教なんて信じない、亡くなったら全て無だ、葬儀も墓もいらない、と言うのであれば必要ないでしょう。

もっとも、キリスト教の方や神道の方には必要ありません。

しかし、葬儀はお坊さんを呼んで、初七日、四九日、お墓に納骨、さらにお盆のお迎えをするのに、戒名をいらないという理由は何でしょうか？

多くの方は、だってお金がかかるじゃない、と経済的な心配をされます。

戒名の歴史を考えると、その昔、戒名だけでなく、お坊さんへの布施も必要ありませんでした。キリシタン弾圧のために幕府の命を受けて、一般の方も葬儀をするようになり、お寺は国の機関として、いわゆる役所のよう性格を持ちました。ですから、特段のお布施というものは存在しなかったと言われています。

しかしながら、身分制度が崩れていくにつれて、庶民も力をつけ、できるだけいい戒名を希望したところに戒名料をどうするかということが出てきたのです。同時に、国の庇護が弱まり、檀家さん達でお寺を支えるようになります。こうしてお布施は、菩提寺への協力金となり、したがってご住職のためにあるものではありません。

ご自分のお寺のためにみんなで出し合い、支え合うのですね。同時に、あなたのお志が、仏教の護持につながり、ひいては社会のためになっていくのです。

お寺さんとは、葬儀か法事にしか会うことがない。葬式ばかりを行っているように思われて、葬式仏教と揶揄されるのは、お寺の反省するべき点ではあると思いますが、全国のお寺の住職は、座禅会や写経会などの仏教活動を行い、心の種まきをされるとともに、伽藍やお庭の清掃や手入れなど、多大なる努力をされておられます。

仏教徒として、授戒し、仏弟子として導かれることを願うのであれば、必ず戒名は必要であると考えます。

さて、ここで菩提寺のある方（檀家になっている方）と、菩提寺のない方（お寺のお墓ではなく、公営霊園・公園墓地や散骨・樹木葬などの方）を、はっきりと分ける必要があると思います。

なぜなら、菩提寺のある方は、お布施が自分たちのお寺のために使われていることを、多くの方は理解されておられます。

一方、菩提寺のない方は、葬儀になってあわてて紹介され、初めて会った和尚さんに戒名を付けていただきます。檀家ではないけれど、近くの住職に依頼するわけですので、菩提寺と同じようにお布施が必要となります。

多くの方は、この時に戒名のランクについて、またそのランクに合わせたお布施について金額で選択するしかなく、加えて、今まで無宗教だった方や宗派もわからなかった方が、急いで親戚に聞きまわり、わが家は○○宗だと決められるのです。

宗派の意味や教えさえわからない方が、先祖が○○宗だから、自分たちも○○宗であると、その時帰属意識を持たれることが多々ありますが、それは、○○宗の信者になることであり、当然本山をはじめ○○宗を支えていく一員となるのです。

そして、このような方が、お布施をとられたかの如く、戒名料やお布施の不満を言われるケースが多いかと存じます。

仏教はお釈迦様に始まり、それは一つです。そもそも宗派にこだわる必要がないのに、こうしてこだわる方が多いのは、江戸時代に始まった檀家制度に起因します。

大切なことは、宗派や戒名のランクではなく、故人を仏弟子として安らかなる来世を祈り、導かれる供養が大切であると考えます。

当院では戒名のランクに関係なく、3万円というお布施の目安を出させていただいております。もっともお布施ですので決まっているわけではありません。経済的にお困りの方には、無料で戒名をお授けしております。費用のことより供養が先です。

戒名はとても大切なものです。故人が仏弟子として導かれ霊安らかにと祈るとともに、遺族が戒名の刻まれた位牌に向かって、安心して手を合わせることが、こうしてできるのではないでしょうか。

Q：戒名を生前に付けることはできるのでしょうか？

住職：素晴らしいことです。戒名は、元来生前に授かるべきものでございます。

戒名と書くように、戒律を授かったときに授かるのが戒名です。改名ではございませんので、決して死後の名前でもありません。

生前に授かることができなかった方が、死後急いで戒律を授け仏弟子とさせているのが現在です。どの宗派やお寺でも、生前戒名の大切さを説いていますので、お問い合わせになってください。

本寿院では、毎月第1土曜日に生前戒名を授かる授戒会を開催しております。

本堂に坐り、五戒誓願（殺すなかれ・盗むなかれ・嘘つくなかれ・みだらな異性関係を持つなかれ・お酒を飲んで心を乱すなかれ）を御仏に誓うのです。

当日は、剃髪式も行います。剃髪されない方は「はげカツラ」を用意しております。ちょっとふざけた様ですが、心機一転し新しい人生のスタートを切ることができると考えております。

Q：戒名を安くすることはできますか？

住職：菩提寺のある方は、そのお布施が自分のお寺のために使われますので難しいと存じます。経済的に苦しい場合は、ご住職とご相談されるしかありません。

お寺は、住職の物ではなく、みんなのお寺です。マンションでたとえると、組合費や修繕費をみんなで出し合っているようなものです。

檀家とは、お寺を経済的に支えるという意味がございます。払えない場合は、住職も相談に乗ってくださると存じます。

しかし、菩提寺がない方、公営の霊園や公園墓地・樹木葬・散骨・手元供養やお墓のない方は、可能です。

まず、宗派にこだわる必要はありません。また、どんなお坊さんでも良いのであればネットで安く授かることは可能です。ただし、末代まで続く戒名ですから、せめてどのようなことをしているお坊さんなのか？を確認されておかれることをお勧めします。

Q：戒名がなくて困ることは何ですか？

住職：なくて困る5つについてお話しします。

まず第1に、亡くなってからどの世界に行くのか？　仏教徒として御仏のいる浄土であれば、戒名が必要です。

第2に、戒名がなくては位牌を作ることができません。（浄土真宗では位牌を作りませんが、法名軸や過去帳を作ります）戒名を読み上げて手を合わせるのであれば、位牌が必要です。お位牌がないとどこを向いて手を合わせるのでしょうか？　中には、俗名の位牌を作る方があります。俗名の位牌に何の意味があるのでしょうか？

第3に、お盆ができません。お盆の時は、位牌を精霊棚に出してお迎えをします。盆踊りを踊り、大文字焼きでお送りをするのですね。戒名がなくて、どうしてお盆ができますでしょうか？

第4に、法事ができません。一周忌や三回忌など、お坊さんを呼んで塔婆を建てご供養されます。戒名がないと、法事もできなくなるだけでなく、菩提寺のお墓であれば、お墓に納骨もできなくなります。

第5に、遺された方がいつまでも迷い続けます。

戒名はなく、俗名で位牌を作ったが、10年たってもこれでいいんだろうか？　と迷いながら毎日手を合わせていたという話もよく聞き及びます。

それは、施主だけでなく、ご家族やご親戚の方も口には出さなくとも、何だかすっきりせず、迷い続けていたとのことでした。お子様、お孫様の代まで、ずっと迷われるのでしょうか？　ちゃんと戒名を授かれば、みんなが心から安心して手を合わせ、感謝の日々を送れるのではないでしょうか。

Q：本寿院では、どうして3万円で戒名を授かることができるのですか？

住職：戒名に値段はございません。原価もございません。加えてお布施ですので、それは出す方のお気持ち次第になります。皆さんは、相場というもので戒名料を判断されていますから、そのような疑問を持たれるのでしょう。

私は、「つちぼとけ教室」や「NPO法人かけこみ相談センター」理事長としてたくさんの仏事相談を承ってまいりました。

そんな中で、長年の闘病生活で経済的に困窮したなど経済的にお困りの方が多く、お役に立てればと思いはじめさせていただきました。

当初、お困りの方は、戒名無料とパンフレットに記しておりましたが、無料はかえって困られるのですね。そんなことから3万円としておりますが、定価ではありません。あくまでお布施ですので、決まっているわけではないのです。

戒名料というものはなく、全てお布施でございます。また、戒名という「商品」でもございません。毎月千円づつの分割の方や、一方で軽井沢の土地を寄付してくださった方もあります。

当院は、他のお寺ではやらない勝手なことを行なっておりますので、「戒名の安売り」と、他の寺院から批判を受けております。反対に、授かった方々から感謝のお言葉を多数頂戴しており、その内容をユーチューブで紹介しております。「戒名って高い?安い?」という本を出版させていただいておりますが、費用が高いとか安いというより、戒名の大切さをご理解いただき、安心した供養をなされていただきたいと願っております。

Q：戒名を自分で付けても良いのですか?

住職：私は「戒名を自分で付けてもいいですか?」という本も出版させていただいております。その本の中でも詳しくお話ししておりますが、戒名とは名前ではなく戒律を授かるものです。仏様の前で、戒律を授かるわけですから、もとより師匠から授かるべきものなのです。

鑑真さんは、戒律を授けるために苦労して来日されました。

そこで私は、戒名を自分で考えてみましょうと提案しています。自分で考えることは、簡単なようで非常に難しいものです。

一生どころか、末代まで続く戒名です。真剣さが増してきます。自分で考えてみることは、自分の過去を振り返り、現在を見つめるいい機会になると考えます。

加えてお話しすると、実際に戒名を自分で付けたという方も少なくありません。葬儀の時に伺った和尚さんが、戒名を見て驚かれることもしばしばあります。戒名には、付けていい文字や付けてはいけない文字などがあります。文字を並べただけのものではないからです。

一般の方が付けた戒名は、けったいな戒名が多く、末代まで笑いものになってしまいます。また百歩譲って、授戒されていない戒名は、ただのペンネームです。ご自分でつけた戒名が葬儀時に採用されたとしても、きっと住職から言われるのは、「では、私からお授けしましょう」となります。

ご自分の希望であった戒名を使ってはもらえますが、戒名料が無料になるわけではありません。通常の戒名料が必要になるのは当然のことですね。

生前にちゃんとお寺から戒名を授かっておられたら、どうでしょうか？

地方の菩提寺から戒名を授かり、葬儀は地域のご僧侶が代わって勤めることは多くあることです。生前戒名を授かっていた場合「それは篤信な方ですね。では代わってお勤めさせていただきましょう」と必ずこのようになります。その場合、戒名料は必要ありません。

戒名は、生前のうちに自分で考えてみて、戒名とは何か?を理解し、仏弟子として安心して生活をし、お知り合いのご僧侶から正式に戒名を授けてもらう。まさに、正当な方法であると考えます。もちろん、当院から正式に戒名をお授けいたしますので、安心いただけることと存じます。

Q：戒名ランクの意味は?

住職：戒名にランクはございません。すべて平等です。一方、院号についてはどうなのかと問われることもあります。院号は天皇陛下がお寺を作ったと意味されています。信仰に厚く、経済的に寄付されたその証が院号です。また、院号料はお寺に財施として寄付し、社会のために尽くされたというお礼の意味で院号が授けられます。

戒名を商品のように見てしまうと、松竹梅のように感じてしまいますが、お寺のためということは、たくさんの方のためになることであり、社会のために貢献されたと見るとなれば、その方が平等という見方もできます。何もしていないのに、良い戒名だけ求めるのは商品価値を求める考えになってしまいます。

当院が一律の3万円としているのは、院号が良いとか、悪いとというものではなく、その方がどのように歩んでこられたのか？　社会への貢献度などいろいろお聞きするとともに、ご先祖の戒名を参考にしてお授けしているのです。

なお、生前戒名の方は、良い戒名をお授かりになることをお勧めしております。良い戒名を授かった分、これから社会のために精進していただければと願っております。

Q：戒名の宗派について教えてください。

住職：戒名に宗派はございません。全て2文字で同じです。ただ、宗派による付け方の特徴があります。

天台宗・真言宗・曹洞宗・臨済宗の戒名はほとんど同じです。

日蓮宗には、日蓮さんの「日」が使われる場合があります。

浄土宗には、「誉」が使われることがあります。

浄土真宗には、「釋」が使われます。釋とはお釈迦様の意味です。

菩提寺がない場合、宗派の特徴があるからと言ってその宗派にこだわることはありません。仏教は釈迦に始まり一つであると考えます。宗派よりも授ける僧侶にこだわって見ていただければ幸いです。

Q：四九日は、やった方が良いでしょうか？

住職：どうしてそのような疑問を持たれるのでしょうか？

仏教的には、四九日法要はとても大切な法要であると考えます。

亡くなった魂が、初七日から始まり、七日ごとに法要がなされ、四九日で満中忌明けとなります。簡単に言うと、四九日までは霊が定まっておらず、やっと四九日で先祖の仲間入りをして安定すると考えられます。

これは仏教と中国の習俗が合わさって、日本で古くから続けられ考えられてきたものです。

「中有は忌中（喪中）と称され。死者を出した親族が喪に伏して忌みこもる期間であり、かつては主人から暇をもらって謹慎し、満中陰の忌明けをもってはじめて人と接し、仕事に従事することが出来たと言われています。」（佛教大辞典　小学館）

このように四九日は、初七日から始まって七日ごとに、あの世での裁判を終えて満中忌明けとなり、霊魂は先祖の仲間入りをする時とされ、遺された遺族は、謹慎が解けて人と接することができる時です。同時に白木位牌から本位牌に魂替えされ、仏壇に安置され先祖霊として迎えられます。

葬儀は、急なることで皆さんへの連絡や対応に不義理があっても許されますが、四九日の時は、再度親戚が集まり法要が営まれますので早めの準備が必要です。四九日を過ぎては法要はできないとされ、四九日の前の土日に予定される方が多くあります。

最近は、コロナ禍のために葬儀を簡素化されたり、直葬といって葬儀を行わない方も増えてきました。その場合、せめて四九日をしっかりされておかれることをお勧めします。

四九日法要をちゃんと厳修されておかれないと、次のお盆・一周忌や三回忌といった法事ごとが難しくなってしまいます。同時に四九日には故人の生前のお礼を述べて、遺された遺族が引き継いでいく場でもあります。行わないことによって、親戚との関係が悪くなったケースも多く聞かれます。

四九日法要は、とても大切な法要となりますので、ちゃんと準備されておかれることをお勧めします。

Q：年忌法要とは？　三回忌は、どうして2年目何でしょうか？

住職：仏教では、人は輪廻転生していると説かれますが、その期間を四有（しう）と言われています。生有：生まれる瞬間、極一瞬の時をいいます。本有：生まれてから死ぬまでの間。ちなみに、人の一生は、お母さんのお腹の中に命が誕生した瞬間から命と考えますので、十月十日たって生まれた時を1歳と数えます。昔は、このように数え年が一般的で、次に迎えるお正月に1歳の年がとるという数え方です。

ですから、お位牌には、亡くなった日が誕生日前であれば、2歳増え、誕生日後であれば、1歳増えるのが数え年の年齢となります。

死有：死ぬ瞬間。このように、亡くなって、次の世に生まれ変わるまでを「中有」・「中陰」といい、四九日にて満中・忌明けとなるのです。

四九日までは、まだ霊が定まっていなくて、七日ごとに裁判があるとされ、この間死出の旅路に出ていると考えられています。ですから死装束や棺の中に、草履や杖・笠そして六文銭を入れるのは、三途の川を渡る時に渡す船賃だとされています。

四九日までは、七日ごとに遺族が追善供養を行い、良い世界に生まれ変わることを願い、御仏に託すのです。本来であれば、すでに御仏の浄土に生まれ変わっているのであるから、成仏を願う必要はないのであるけれど、ちょうど1年目になって、故人をしのぶのが一周忌。その後、3と7が付く年に、中国の信仰とまじって十三仏事となり、数え年と同じ数え方で、亡くなった時が1となり、1年目が一周忌、2年目が三回忌となります。その後も、同じで、6年目が七回忌、12年目が一三回忌、32

年目が三三回忌となります。
三三回忌もしくは、五〇回忌で弔いあげと言われるのは、神道の影響で、ホトケからカミ・先祖霊となってお守りくださると言われています。なお、浄土真宗など宗派によっては、即成仏されるので、追善供養という考え方はありません。

Q：法要は、いつまでしないといけないのでしょうか？　遺された子供たちに迷惑をかけたくないのですが……。
住職：そのような相談も多くございます。法要は、年忌法要にこだわらずに何度やっても、いつまでもやっても構いません。いやむしろ、たくさんすることがとてもいいことであるとお答えしております。
まず、追善回向とは、文字を見たらわかるように、善行をふり回すと書きますね。仏事というのは、「どうか、亡くなった方が、成仏しますように！」と祈るものではありません。それは四九日までで終わっているのです。満中忌明けとなり、転生が確定して、浄土に生まれ変わっているのです。
仏事とは何でしょうか？　仏教の教えは、亡くなった方のためにあるのではなく、生きている方々のためにあるのです。お坊さんが唱えているお経も、死者に向かってではなく、参列している方々のために唱えているのです。その教えは、生き方であり、考え方であり、ものの見方です。仏事を通して、御仏の教えに触れて、心がリセットされ、自分自身を見つめるものになります。

ご質問にありました、遺された子供たちに、私のためにお布施を包んで経済的に迷惑をかけたくないとお思いのことでしょう。しかし、それは、全く違っており、仏事を行うことにより、生き方を見直すだけでなく、親戚や親交のある方々やご家族の絆が深まっていくのです。

同じように、三三回忌で終わりではなく、できるのであれば、一〇〇回忌、一〇〇〇回忌でもいいのです。各宗派のお寺を開いた高僧の遠忌（おんき）は、一〇〇〇遠忌などザラに見受けられます。

このように、法事ごとは、亡くなった方のために祈るのではなく、亡くなった方を中心として、家族がつながりを感じ、縁に感謝し、生きていることの素晴らしさを感じる、幸せになる法要であると考えます。

やらなければいけないことではありませんので、最終的には子供たちが決められるといいと思いますが、法事やお墓参りができる幸せにも目を向けていただければ幸いです。

Q：納骨はいつにすればいいのでしょうか？
住職：納骨は急ぐことはございません。お墓のある方は、四九日に納骨される方が多くあります。お墓は引っ越しができませんので、ゆっくりと検討されるのが良いでしょう。

納骨という風習は、火葬が一般になってからのことですので、いついつまでに納骨しないと霊が浮かばれないということはありません。

Q：戒名のランクを落とすことはできますか？
住職：先に述べたように、そもそも戒名にランクはありません。しかし、先祖に院号が無いのに、院号を授かって先祖を超えてしまったという場合は、納骨先のお寺に相談されると良いでしょう。

またこのような相談も増えており、先祖が院号で、今後子孫が大変になるから自分の代で落としておきたいという方。

まず第一に、ご自分のお墓はどこになるのでしょうか？　菩提寺のお墓？　公園墓地？　樹木葬？　お墓はない？

菩提寺のある場合は、勝手なことはできませんが、それ以外であれば、変更することは可能です。
　しかし、その理由は、経済的なことでしょうか？　戒名とは、その方の生き様であり、その方が一生懸命生きてこられたのであれば、それに相応しい戒名が良いと考えます。経済的な問題であれば、当院からお授けします。当院では、ランクに関係なく3万円と目安を出させていただいておりますが、経済的にお困りの方にはご相談に応じております。ランクを上げることはあっても、落とすことはあまり意味がありません。

Q：どの宗派でも戒名が付けられますか？
住職：戒名自体に宗派はございません。どの宗派も2文字です。ただ、先にも触れましたが、呼び方が違ったり、付け方が違ったり、宗派による特徴がございます。例えば、日蓮宗の方は、日蓮さんの「日」をいただくケースなどです。
　普段は、全く気にされない方が、葬儀時、急に我が家の宗派？と言い出される方が多くあります。自分は、宗派や信心はないのだけれど、家の宗派が……先祖代々○○宗だから……と言われるケースも多くあります。
　宗派にこだわらなくてもいいものに、こだわるから起こるのが「戒名料」の問題と言っても過言ではございません。

当院は、天台宗系単立のお寺です。ですから、宗派に属しておりません。どの宗派の方であっても、当院から、その方に相応しい戒名をお授けいたしておりますが、宗派にこだわられる方は、その宗派のお寺様からお授かりになってください。

仏教は、亡くなった方の教えでもありませんし、宗派が違うと霊が迷うなど全くございません。この機会に仏教とは？　宗派とは？　お考えになってみてください。

Q：俗名の位牌を作ったのですが……。
住職：俗名の位牌に何の意味があるのでしょうか？　先日、戒名が高いので、俗名で位牌を作って10年間毎日手を合わされていたという方がありました。毎朝、仏壇を開けるたびに、申し訳ない気持ちで手を合わせていたとのこと。口には出さないけれど、ご家族も皆これでいいんだろうか？と不安に思いながら、手を合わせていたとのことでした。
お位牌は、通常30年ほどお祀りされます。当院では、戒名料に心配することはありませんので、ちゃんと授かって、開眼法要を行い、お祀りすることで、皆さんが心から「安心」して手を合わせられていることと存じます。

Q：戒名の文字が気に入らない場合は？

住職：戒名の文字は、名前ではありませんので、気にいる？気に入らない？というものはございません。全て、ありがたい仏典からお授けしますので、その深い意味をお考えになってください。

しかしながら、こんな方がありました。

先妻さんの名前に「舟」が入っており、後妻さんの戒名にまた「舟」が使われていた。どうしても、受け入れ難いと相談がありました。戒名に「舟」を使うことも珍しいことであり、不思議な偶然に驚いたことがありました。このような場合、再度、戒名をお授けし直します。

戒名は、仏様の前で授戒するものであり、前後の文字ごとに意味を持っているものでございます。ですから、1文字だけ変更というものではありません。再度、授戒して授け直すという形をとらせていただきます。

Q：戒名を変更したいのですが？

住職：戒名の変更は可能です。その前に、お話をお聞かせください。聞いてみると、先祖代々に院号を授かっていたので、院号をつけたいという場合があります。この場合は、追贈と言って院号をお授けします。しかし、院号だけを付け足せばいいのではなく、前後の意味合いも調整が必要ですので、全体を検討してお授けします。

葬儀時に、違う宗派で戒名を授かったので変えてほしいというケースもまれにございます。前にもお話ししておりますが、戒名に宗派はございませんが、その特徴があります。先祖の戒名をお調べになり、ご先祖と同じ形の戒名が一番すっきりして安心されることと存じます。

Q：故人は戒名いらないと言って亡くなりましたが。

住職：なぜ？戒名はいらないと言っておられたのでしょうか？　無宗教やキリスト教・イスラム教・神道であれば、戒名は不要です。

しかし、仏教であれば、必ず戒名は必要であります。先にもお話ししましたが、仏弟子として浄土に導かれ、お盆や正月に帰ってくるのです。お盆の時には、迎え火を焚いて、盆踊りを踊り、大文字の送り火でお送りする。故人も遺された遺族も、亡き人との繋がりを感じ、感謝し、そして安心されるのです。

故人の遺志よりも、故人の遺族のための思いを考えてみてください。

Q：喪主が新興宗教に入ったので、兄弟間で困っている。
住職：喪主が、新興宗教など別の宗教に入っていた場合、葬儀や法事ごとが行われない場合があります。その場合、喪主とは別の形で執り行われるといいでしょう。仏事ごとは、故人に心を振り向け、遺族が安心して祈る場所だと思います。
なお、別の場所で祈ると、霊が迷いませんか？と心配される方があります。むしろ反対で、複数の場所から祈ることは、追善供養であり、いいことであります。

Q：生前戒名って何ですか？
住職：元来、戒名は、生きている間に授かるものでした。いつしか、亡くなってからの名前となったのです。生前に授戒し、戒名を授かり、御仏のご加護をいただくものであり、積極的な生き方ができるものであると思います。武田信玄や上杉謙信も戒名であったように、新しい生き方を考えてみてはいかがでしょうか？

Q：生前戒名のメリット、デメリットは？
住職：戒名は生前に授かるものであり、仏弟子として安心して生きることができます。生前に授かっておけば、もしもの時に慌てることがありません。亡くなってから急いで戒名を授かる方がほとんどです。バタバタとした中で葬儀が進められるのではなく、安心して進めることの方が良いことは言うまでもないでしょう。

また、戒名料という一番悩む問題が、解消されますので、遺族の負担は軽減されます。メリットは、たくさんございますが、デメリットとなるものは、全く考えられません。

戒名を授かり、仏弟子として、新しい人生を新しい名前で歩んでいく。

素晴らしいことであると、強くお勧めいたします。

本寿院に寄せられた声、
その声にお応えしてこれからも

本寿院には、本堂内のお骨仏に納骨された方々の、生の喜びの声が寄せられております。考えさせられることが多いです。ご本人のご承諾を得て、以下にいくつかご紹介いたしましょう。（本寿院に寄せられたアンケートより）

お骨仏に納骨の方からは

没後に申込　岡田静香さん（仮名）

実家にはお墓がなく、本寿院さんから勧めていただいたお骨仏のパンフレットを拝見し、仏様の胎内に遺骨が収まりお参りができるなんて、とても素敵なことだと思い申し込みました。

母がお骨仏に納められた形で法要の後に、お骨仏にお参りしたとき、父がこんな立派なところに入れてもらえるんだな！と、泣いて喜んでいる姿を見て良かったとしみじみ思いました。

その父も3年半後にこちらに納めていただきました。両親共人とのふれあいが好きで晩年、特に父は人見知りなく誰とでも会話を楽しむので、お骨仏の中の方々と楽しく、おしゃべりしているのだろうと微笑ましく思います。

また、堂内の中で常に本寿院さんのスタッフの方々に手厚く見守られて、さぞかし居心地がいいのではないかと想像しています。

同時に姉と私は、遺骨の一部を手元供養として土仏に納めていただきましたので、自宅では毎日手元の土仏に手を合わせて、本寿院では3月の花法要とお盆にお参りさせていただいております。(現在ではコロナ禍のためにオンラインですが)

何よりも両親に対する思いが、変わったことがとても良かったと思います。

反面教師のような両親には子供の頃から苦労させられ、大人になってからも迷惑をかけられることの連続で、亡くなったときはホッとしていたのも事実でしたですがお骨仏の中の仏様になってからは、とても愛おしく優しく遺影の両親と話ができる。悪いことばかりではなかったと思えるようになりました。


戒名をお願いした時に、三浦住職にこんな質問をしたことがありました。

これは、一般論ですが……、どんなにか悪いことをした人にでも、同じように戒名を授けるのですか?と。

そしたら「裁くのは、この世にいる私たちではありません」と、優しい笑顔で答えてくださいました。何て素晴らしい解答なのか……と。

少し時間はかかりましたが、人を許し、受け入れることを深く学びました。三浦住職さんはじめ本寿院の皆様には感謝の気持ちでいっぱいです。

私の末の弟に当たる両親の水子と共に、三人でお骨仏の中でほっこりしているだろうなあ〜。

ありがとうございました。

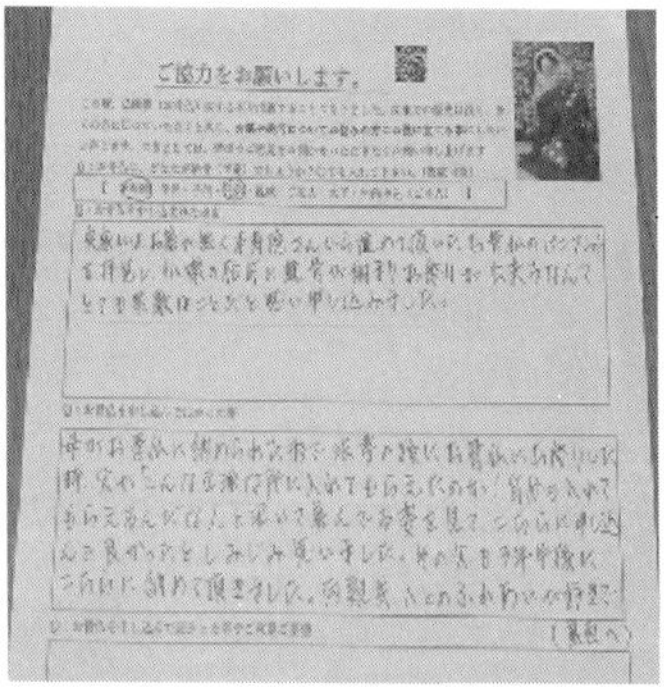

お骨仏にご両親を納骨（匿名）

■お骨仏を申し込まれた理由

最初にお骨仏様を拝見した時は驚きの一言でした。優しいお顔、真っ白なお姿、生まれて初めてお骨の大仏様。

本寿院様とのご縁は御朱印でした。ご住職の優しい人柄。母もいつの日か一緒に伺う様になりました。

事情があり、自分の家のお墓には入らないと決めていた母は、いつの日か本寿院様のお骨仏様に決めたのです。

それなら私もと、お骨仏様にと2人で決めました。

母は自分の家のお墓に入らないと、以前から決めていたので、そこでお骨仏様と巡り合って決めたのだと思います。

私は生前戒名も3万円でお受けできること、死んでから息子達に負担をかけたく無いと思いお願いしました。そして亡くなっても母と一緒にいたい。その気持ちもありますのでお願いしました。

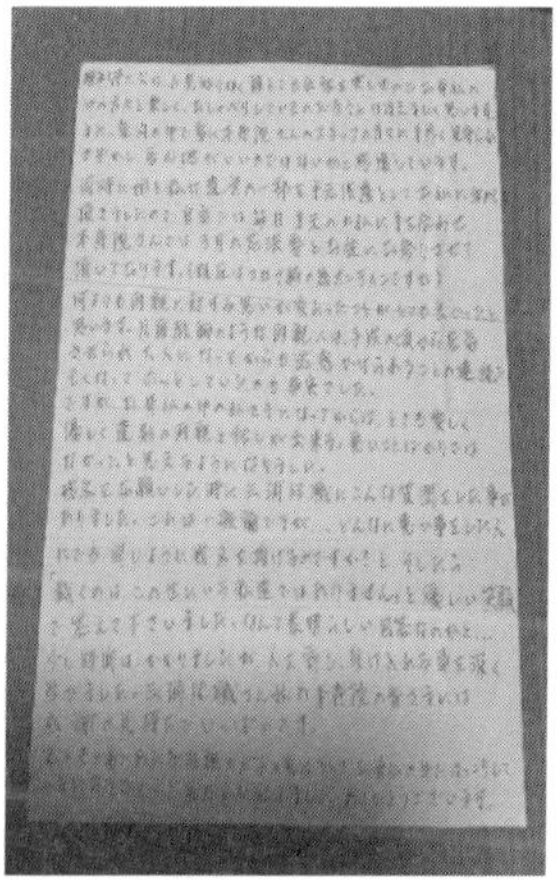

■お骨仏に申し込んで良かったこと

生前戒名を母と私もお受けしていたので、もうその時にお骨仏様を申し込むことも決めていました。母は昨年の3月に先にお骨仏様になりました。月に1回は本寿院様に伺わせていただいてます。私にとっては、お骨仏様は今は母に見えます。

春のお彼岸は、お花に埋もれるほどの綺麗なお骨仏様になるので本当に良かったと思いました。母にとって初めての本寿院様の春のお彼岸になりますが、お花が大好きだったので良かったと思います。

■ご意見ご要望

ご住職には感謝、感謝です。母を私の手元にもお受けさせていただき本当にありがたいことです。

お骨仏に伴侶を納骨（匿名）

■お骨仏を申し込まれた理由

先祖の墓は遠方にあり、長年に亘って墓参出来ず、ただ、お盆前の掃除とお参りを近親の者にお願いしておりました。結局墓じまいして、血縁の者が納骨堂で永代供養としました。

私と妻の縁が深いのは東京都でありますが、新しい納骨堂も、遠方にあり、思案していました。

そんな時、ネット上で、本寿院さんを知り、生前戒名と生前のお骨仏の申し込みを夫婦でおこない、授戒でき、お骨仏の申し込みも受けて頂きました。

■お骨仏に申し込んで良かったこと

心から安心して、人生を前向きに考えることができました。

お骨仏の仏事については、メールやホームページで知ることができ、理解を深めることでができました。

やはり、死後の眠る場所、家族のお参りが近隣にあることは、心強いものです。また、毎日ご供養されていますので、ありがたいことです。

■ご意見ご要望

これからは、少子化により、益々先祖代々の墓を管理するものが、居なくなり、墓じまいを余儀なくされると思います。現在のお骨仏に入る数に限りがあります。できることでしたら、もう一体造営されて、多くの方をお助けくださることを希望いたします。

お骨仏にご両親を納骨（匿名）

■お骨仏を申し込まれた理由

ひとり娘なので、永代供養希望で、色んなところを見学して、検討しました。

日々、仏壇に手を合わせてはいますが、お骨仏にして、いつも色々な方にお参りしてもらえると思ったら、両親も寂しくないのではと思い、申込みしました。

■お骨仏に申し込んで良かったこと

法要様子も拝見できて嬉しいです。お世話になります。土仏作りたいと思ってます。

ネットでお参りの様子も見られるようですし、コロナのこんな時期にも心配なく、

お骨仏にご両親と伴侶を納骨（匿名）

■お骨仏を申し込まれた理由

夫と私の間では、死んだら散骨しようという約束を互いにしていました。

早くにやって来た夫の死後、自分で設定して散骨をすることに中々踏みきれずに居た所、本寿院さん主催の散骨を見つけました。少しを手元に残し散骨いたしました。

その後、実家の両親を相次いで見送り、墓に納めたものの、自分たちは散骨して子どもたちに負担をかけないようにしたのに、実家の墓は如何なんだと考えた末に、生前父が「末は合祀墓に移してくれれば良い」と言っていた言葉を受け、実家の墓の墓じまいを決心しました。

散骨も考えましたが、父の兄弟や母の友人など、まだお参りをしてくださりたい方のことを考え、墓の同経営の合祀墓とお骨仏の両方に分けて収めることにしました。それに当たって、自分の時の生前予約と、手元に残してあった夫のお骨もお骨仏に収めていただきました。

■お骨仏に申し込んで良かったこと

夫や私のように、自然の中に返してと欲しいと願う者はまだまだ少数派で、やはり手を合せてお参りしたいと思う方が大多数の現在、毎日勤行が行われるお寺の本堂内の優しいお顔の仏さまの胎内に納めて頂ける、いつも手を合せる方が絶えない環境というのは、残されたものにとってありがたいことだと思います。

残る子どもたちにも負担をかけないのは何よりだと思っています。

自然に帰して欲しいと思う私のお骨の1片くらいは、迷惑がかからないように考慮して海に流してと、子どもたちに頼んであります。

■ご意見ご要望

いつもお世話になってありがとうございます。自分の体調やコロナ禍も有り、中々お寺に出向けませんがオンライン法要やネット霊園はありがたいです。こんごともよろしくお願いいたします。

■お骨仏にご両親と伴侶を納骨（匿名）

■お骨仏を申し込まれた理由

申込みを希望していますが、まだお寺に伺えずにおります。

祖母が生前、菩提寺にお布施して永代供養の権利は持っているものの、私の代になり、宗旨も禅宗で違うので疎遠になりました。

お骨仏に遺骨の分骨を納めてもらえれば、日々の読経の功徳を回向していただけるので、成仏の後押しになるかと思う次第です。

■ご意見ご要望

我が家は菩提寺にあたるお寺もなく、生前の時も特に亡くなった後のことについて話し合ったこともありませんでした。

主人の葬儀は無事に終えることができましたが、四九日法要、戒名、お墓とどうすればいいか本当に悩んでおりました。

たまたま娘がインターネットで本寿院様を知りまして、お問い合せをしましたところ親身にお話を聞いて頂き、お骨仏をお申し込むことを即決しました。

本寿院は、私がいつでもお参りに行ける気軽さと距離です。自宅よりバスを利用すれば45分くらいの近さです。バス停の前にあるのも便利です。

晴れた日は、絶好の散歩コースです。お花やお線香を持たず行けるのもいいです。良い意味で敷居が高くなく、スタッフの方も気持ちよく対応してくださるのも嬉しいです。

■お骨仏にご両親を納骨（匿名）
お骨仏を申し込まれた理由

実家の両親とは時々電話で連絡を取り合っていました。そう…、思っていました。けれど実際はそんなに連絡はしていませんでした。

最後にあったのはいつだったか……。3年前、5年前、いやもっと10年以上だったかも。棺の中の父は私の知っている父ではありませんでした。まるで別人です。母も容姿は、もちろん全てが他人のように感じられました。おそらく認知症だと思われます。

私には、兄弟姉妹がなく、私自身にも子供がいません。今後のことも考え、選択肢はなく他は考えられませんでした。何よりも私が死んだ後も安心できることです。後継者のいらないお墓は、私のような者にはありがたいです。金銭的にも助けられました。墓石ではなく仏様というのが優しい気持ちになり、守られている感じがして、お骨仏を知れて本当に良かったと思います。

生前に申込（匿名）

■**お骨仏を申し込まれた理由**

自分自身、両親と縁を切っており、宗派もお墓もわからず「私が死んだら無縁仏として区の共同墓地に入れてね」と子供たちに伝えたのですが、「お参りに行ける場所がないのも嫌だし本当に母がここにいるのか?不安だから嫌」と、はっきり言われ色々考えましたが、本寿院さんにお願いすることにしました。

一番は子供たちが「お母さんがどこに居るのかわかること」。私自身病気もたくさんあり、死後の献体し医療に貢献すれば生きていた意味があるのかな?と思っていましたが子供たちに反対されました。

見送ってくれる子供たちが安心してくれたことがよかったです。

自分が最後を迎えた時、子供たちに迷惑をかけず「お母さんは本寿院に居る」と安心させてあげられること、心から感謝しています。

生前に申込（匿名）

■お骨仏を申し込まれた理由

一人息子夫婦に子供が恵まれず、後継者も居らず、さりとて親類縁者の方々に墓地管理その他の迷惑をかけることはできません。

６０年生涯を共にした夫も病に倒れ、余命もわずかとなり、末世の安住の地を案じておりました。

幸いなことに、本寿院様にお骨仏がおられることをテレビで知り、水を得た魚の如くホッと安堵しました。心より感謝いたしました。

その後まもなく夫が他界し、お骨仏の胎内に眠ることができました。

本寿院様のお陰で、夫も静かに眠っております。八十八になりました私も、まもなくお世話になるでしょう。そして息子夫婦も仲良く一緒に、来世でも暮らせる幸福は他にはありません。心より感謝いたしております。

仏様の胎内で護られ、やがて土に帰ることを、そして他の人々と仲良く過ごせる幸福に感謝しております。

今後ともよろしくお願い申し上げます。

生前に申込（匿名）

■お骨仏を申し込まれた理由

遠方にあるお墓にお参りすることが年々大変になったので、様々考えておりましたが、一人娘が海外に住んでいるため後のことを考え、成田や羽田空港から近く、雨や天候に左右されずに、いつでも手を合わせに来られるところと思い決めました。

東北の田舎なので、親類等から理解してもらえるかとも思いましたが、菩提寺の住職様のご理解と私どもの正直な心をわかって頂き、無事に本寿院様のお骨仏のご縁をいただくことになりました。

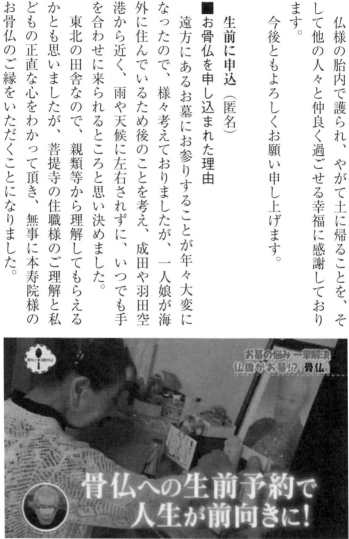

私共夫婦もお骨仏の予約をいたしましたので、夫の両親の元へ行った時には、故郷を離れたことの経緯とお詫びをせねばと思っております。

丁寧にお骨を胸に抱いてくださった事、心からありがたく感動しました。

コロナの中でも電車を乗り継いで、無事お参りできた時やはりご縁をいただいてよかった。身一つで来られること、傘も手桶も持たず来られたこと、たくさんの花に囲まれ、手を合わせてくださる方がいることに、ありがたく感謝し安心しました。

生前に申込（匿名）

■お骨仏を申し込まれた理由

お墓がなく、知人の紹介により、毎日法要が厳修されていると聞き良いと思ったので。

信頼でき、きちんと供養していただいているので良いと思います。

故人が献体をしていたこともあり、遺骨返還の時期や家族の事情で納骨ができず、その際にこちらのお寺に相談させて頂き、お願いしました。

故人の出生地が東京でしたので、そちらに眠ることが出来てよかったと思います。

生前に申込（匿名）

■お骨仏を申し込まれた理由

私は、墓地墓石はいらないが、何か形は欲しいと考えていて、お骨仏に以前から興味がありました。

宅急便でお骨を送ることができる、オンラインで参拝できる、毎日読経をしていただけるなど、とても安心して遺骨を託せるお寺さんだと思いました。

遺骨が二箇所に分骨して収められているという感覚が微妙ですが、お墓供養に関する心配が無くなった。

生前に申込（匿名）

■お骨仏を申し込まれた理由

いつも誰かがお参りしてくれて、寂しくないと思いました。

お墓の管理の心配もなく、年金暮らしの私には費用も安くありがたく思います。

お骨仏様は、とても美しく、いつも花が飾ってあり、しあわせな気持ちになります。生活に困っておりましたので大変助かりました。ありがとうございました。

おかげさまでご供養ができましたこと心より安心しました。

父が亡くなり、お墓も遠く、足の悪い母が行くのも無理だと悩んでいた時に、お骨仏を知りました。経済的にも豊かでない私なのですが、ちゃんと父のいる場所ができ嬉しく思っております。

ネット霊園で、いつでも父と話せることも、またいつも手を合わせていただけることも……お墓が放置されたままになっている事もないので安心しております。

寒いのが苦手だった父、寒い時も暑い時も心地よい場所で大好きなお花に囲まれ、母も「おじいさんよかったね」と言っています。

コロナのため外出もできていませんがネットでお参りもでき、助かっています。何より毎日皆様に手を合わせていただきありがたく思っています。

生前に申込（匿名）

家の近くの霊園で20年以上納骨していましたが、霊園側のやり方に腹が立ち悩んでいたところ、テレビで本寿院のことを知りお骨仏を申し込みました。家に車がないので送骨セットを送っていただき、三人分の遺骨を送りました。

本寿院とご縁があり、お骨仏に納骨して私は安心しています。墓守が居なくなっても、本寿院で安心して供養ができて本当によかったです。

三人のお骨の墓じまいで大金を使い、本寿院は金額が良心的で大変助けていただきました。困っていた私を助けていただきました。

終活として、また、私は離婚しており子供とも離れてしまいましたことから最期の時社会のしくみとして、子供たちに連絡が行くことになるか、ならないかにかかわらず、面倒をかけたくない思いが強くなってきました。リビィングウェル　エンディングノートも用意し、死後処理をかたづける事を調べていてお骨仏に出会いました。

申し込んでみて思ったことですが、死についてまた残りの時間をどうしていきたいかを考えるきっかけとなりました。また、自分の人生観を再確認して「自分らしさ」を発見することにもつながり、何より意外だったのは、次に行くところが決まっている安心感で心も安定したように思えたことでした。

オンラインで生前墓を作って置かせていただきました。まだ51歳なので他の誰にも案内していませんが（笑）これはとてもいいです。

自分史にもなり、自分のブログやユーチューブチャンネルもリンクができ、読む人が居るか居ないかにかかわらず、生きた足跡として、個として有難いものと感じました。

祈りの仏様を作る「つちぼとけ」

ラオスに小学校を建設する／つちぼとけ

当院では「つちぼとけ」といって、陶芸で仏様を作る教室を全国各地で開催させていただいております。読売カルチャーセンター・NHK文化センター・NHK学園・豊島区民カレッジ・コープカルチャーなどの講師をはじめ、専門学校や明治大学のゲスト講師として仏教を伝えるために、仏像を知ることからと、様々な会場でつちぼとけ教室を開催して参りました。

また、新宿京王百貨店では20年間、横浜そごうでは9年間、北は青森・さくらの百貨店、南は鹿児島・山形屋などの百貨店にて、つちぼとけの展示会を開催して参りました。

また、横浜そごうチャリティつちぼとけ展では、生徒さんたちの作ったつちぼとけを展示し、ご希望の方に差し上げ、お気持ちをラオスに小学校を建設するための寄付をお願いし、その全額を学校建設のために使わせていただきます。

心を込めて、一生懸命作った仏様を多くの方の手に渡し、幸せが訪れることを願って、同時に、子供たちが、笑顔になる小学校を2校建設させていただきました。

2027年には、3校目の小学校を目指して頑張っております。

どんな泥棒が来ても、奪われないのが教育です。そして、教育を受け

ることによって、子供たちが夢を持つことができると考えます。

私どもには多くの方の協力の声をいただいており、ありがたいことです。少しのご縁が広がり、未来の子供たちの笑顔が私の幸せであります。伝教大師がお説きくださった「忘己利他」の心が広がっていくことを、ひたすらに願っております。

手元供養のおすすめ

お骨仏＋手元供養はとてもお勧めです。

お骨仏に納骨し、一部の分骨を手元供養のつちぼとけの胎内にお納めし、ご自宅にてご供養を続けることができます。

普段は、ご自宅でお参りされ、お寺の近くに来られた時や、ご命日などは、お寺にお越しになりお参りになれます。

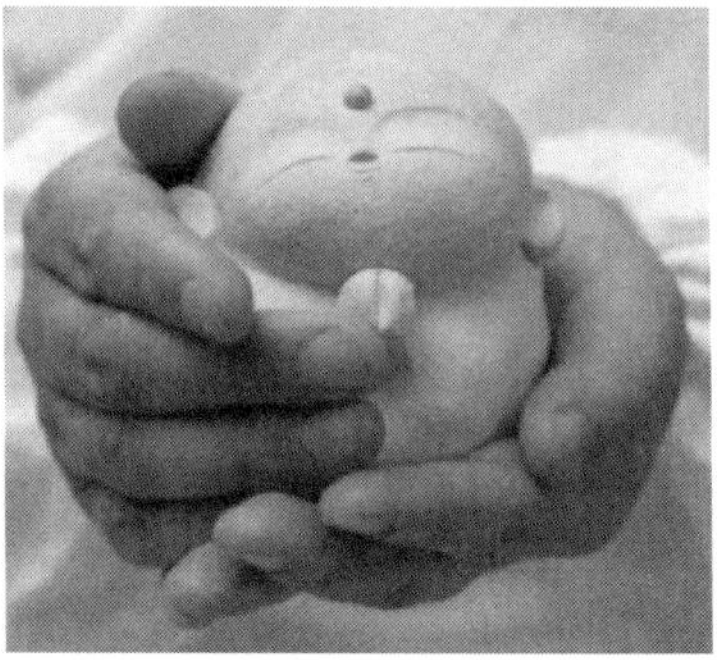

お仏壇がご自宅にない家庭も多くなりました。お仏壇の代わりに、つちぼとけをお祀りされてはいかがでしょうか？

ましてや、その中に故人のご遺骨が収まっていれば、ご家族皆さんが、大切にされる場所となります。お子様やお孫様にとっても、祈りの場所となることでしょう。

私の作るつちぼとけに、たまにはリクエストがあります。

お線香の代わりに、タバコを供えて欲しいと遺言されていた愛煙家のおばあちゃんのために、造仏したタバコを持った？つちぼとけです（笑）。

また、つちぼとけはご自分で作ることができます。皆さんの手で、世界に一つだけのお地蔵様をお作りになってはいかがでしょうか?

エンディングノート「ありがとう帖」

2005年「私の人生史」というエンディングノートを出版させていただきました。今ではエンディングノートは、書店に行けばいろいろな種類が発売されていますが、その当時は珍しいものでした。

その内容は、「葬儀の事」「財産の事」「最期のみとり」について具体的な内容でした。しかし、多くの方のお別れを見てきて、本当に必要なものは何だろうと考えたとき、財産ではなく「想い」を遺していくことが欠かせないと強く感じました。

本人が安らかな旅立ちをするとともに、遺された遺族が暖かい心に包まれて、安心して手を合わせることができる、これがまさに大切なことであります。そのため、「ありがとう帖」というエンディングノートを、新たに

出版させていただきました。

エンディングノートを書いてみましょう

終活のまず最初は、エンディングノートからです。

自分の生きてきたこと、思っていることを書き留め、この先、自分の最期をしっかりと見つめ、悔いのないように伝えておくことです。そのために必要なのがエンディングノートです。多くの方は「今は元気なので、そのうちにやろう、そのうちにやろう」と言って亡くなるケースは非常に多くございます。

時間を作ってエンディングノートに、しっかりと書き留めておきましょう。

ご自身で使いやすいものに書き留めればよいのですが、「ありがとう帖」は項目別に頁が構成されていて、書きこみやすく仕上がっておりますので、とても便利です。

まずは、身近な存在の方に「ありがとう」を書いてみましょう。

あとがき

時代とともに葬送のあり方や、供養のあり方が変わってきています。当たり前だと思っていた葬儀という一大イベントも、コロナ禍も加わって、家族葬や直葬と言われる焼くだけの葬儀が当たり前になってきました。

しかしながら、人が亡くなることや、愛する人との別れは、いつになっても変わらず、それぞれにみな苦しみ悲しむのです。

葬式仏教と揶揄される仏教ですが、その悲しみをしっかりと捉え、人がなぜ？生まれ、生きていくのか？　命のバトンを引き継ぎながら、こうして生かされている喜びを感じ、亡くなった方にありがとうと「感謝」の手を合わせる、そして祈る。

この姿が清く映らないことはありません。

戒名なんかいらない、お墓もいらない、と豪語する方もおられるようですが、本当に亡くなった時に、私たちの心は、どこに向かっていくのでしょうか？　そのようなままでいることは、子供の代、お孫さんの代、祈ることも感謝することもない、そんな人間になっていくのではないでしょうか？

終活で自分の戒名を考えて、そして戒名を授かり、お骨仏となったご先祖に、子供たちが感謝の手を合わせる。嬉しいこと、楽しいこと、ありがとうと感謝の手を合わせる。悲しいことがあれば、それを越えるほどに感謝するのです。

これで強くなれる。辛いことがあれば、感謝しましょう、これで優しくなれるのです。どんなことでも、どんな時でも、「ありがとう」と感謝して歩んでいける。1日何回のありがとうが言えるだろうか？

このありがとうの数が幸せの数です。

私たちが、お父さんやお母さん、お爺ちゃんやお婆ちゃんに、たくさんのご恩を頂戴し、お墓の前で涙して手を合わせたように……。ありがとうございました。

合掌

【参考書籍】

藤井正雄「骨のフォークロア」弘文堂
辻井敦大「墓の建立と継承」晃洋書房
鵜飼秀徳「絶滅する「墓」」NHK出版
NHK取材班「さまよう遺骨」NHK出版
菅野久美子「家族遺棄社会」角川新書
「現在戒名総覧」大洋出版社
「戒名・法名大事典」鎌倉新書

【著者略歴】

三浦尊明（みうら　そんみょう）

１９６９年、円満院門跡第五十六世・三浦道明大僧正の三男として生まれる。

比叡山高校卒業後、大正大学仏教学部に学ぶ。以来、仏道修行に邁進。

「つちぼとけ」を通じた仏教活動を全国各地で行なっている。また、社会福祉活動にも力を注ぎ、

平成１８年７月、東久邇宮記念賞を受賞。ラオスに小学校を建てる活動を引き続き行なっている。

宗教法人本寿院、同円宗院住職。華道・保粋遠州流家元。ＮＰＯ法人かけこみ相談センター理事長。

ＮＰＯ法人日本投扇興保存振興会理事長。

読売・ＮＨＫ文化センターやＮＨＫ学園オープンカレッジ、豊島区民カレッジの講師を務めている。

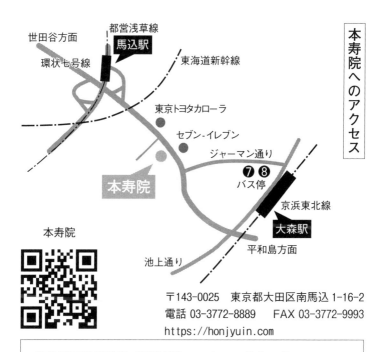

本寿院へのアクセス

本寿院

〒143-0025　東京都大田区南馬込 1-16-2
電話 03-3772-8889　FAX 03-3772-9993
https://honjyuin.com

都営地下鉄浅草線「馬込駅」A1 出口　徒歩 7 分
JR 京浜東北線「大森駅」北口　徒歩 15 分
東急バス 7 番バス停　新代田行き／ 8 番バス停　上池上循環内回り　4 分／バス停「東馬込 2 丁目」下車
大森駅からタクシー 3 分　1.2km
JR 横須賀線「西大井駅」タクシー 5 分

■環状７号線外回り沿いにございます。
年中無休 ９時から１８時

希望のお墓 お骨仏《こつぼとけ》

2024年2月14日　第1刷

著　　者　**三浦尊明**
発 行 者　**関根文範**
発 行 所　**青娥書房**
東京都千代田区神田神保町2-10-27　〒101-0051
電話 03-3264-2023　FAX03-3264-2024
印刷製本　**モリモト印刷**

ISBN978-4-7906-0400-6 C0015
＊定価はカバーに表示してあります